William MacDonald

Man lebt nur einmal

W0188474

**Christliche
Literatur Verbreitung
Bielefeld**

**Christliche
Verlagsgesellschaft
Dillenburg**

1. Auflage 1990
2. Auflage 1990
Originaltitel: Only One Time Arround
© 1982 by William MacDonald
© der deutschen Ausgabe 1990 by
CLV * Christliche Literatur-Verbreitung
Postfach 1803 * 4800 Bielefeld 1
Übersetzung: Sabine Hampel
Umschlag: Dieter Otten, Bergneustadt
Satz: Druckhaus Gummersbach
Druck und Bindung: Druckhaus Gummersbach

ISBN 3-89397-138-6 (CLV)
ISBN 3-89436-008-9 (CVD)

Inhaltsverzeichnis

Man lebt nur einmal

Gerade in New York angekommen war Pat dabei, die Stadt auszukundschaften, als plötzlich ein bewaffneter Gangster vor ihm stand und ihn vor die Wahl stellte: »Geld oder Leben!« Pat antwortete: »Nehmen Sie mein Leben. Mein Geld möchte ich mir noch für später aufheben!« Pat sah sich auf einmal dem Lebensende gegenüber, obwohl seine Antwort lächerlich genug war, um jeden Banditen zu entwaffnen.

Wir alle haben lebenswichtige Entscheidungen zu treffen, und müssen uns überlegen, wie wir dabei vorgehen. Lassen Sie uns über das Leben nachdenken — über Ihr Leben — über Ihre Laufbahn — über Ihr Jetzt — über Ihre Zukunft! Denken Sie nicht, es sei höchst unwichtig, sich auf eine solch unbedeutende Person wie Sie zu konzentrieren. Vielleicht ist Ihnen nicht einmal wohl dabei, der Mittelpunkt einer Diskussion zu sein. Aber lassen Sie sich nicht ablenken. Tatsache ist, daß es bestimmte Entscheidungen im Leben gibt, die Sie zu treffen haben, und Ihre Reaktion darauf wird dann bestimmen, wie Ihr Leben und Ihre Zukunft aussehen.

Ihr Leben ist wichtig. Sie sind einzigartig geschaffen. So wie sich niemals zwei Grashalme, zwei Schneeflocken oder zwei Sandkörner gleichen, so gleichen sich auch niemals zwei Menschen. Selbst eineiige Zwillinge sind verschieden. Ihre Art gibt es nur ein einziges Mal, es wird niemals ein zweites Sie geben.

Das alles zeigt, daß Sie im Leben eine Rolle spielen, die niemand anders übernehmen kann, einen Platz einnehmen, den kein anderer ausfüllen kann.

Hinzu kommt, daß Sie nur ein Leben haben. Sie gehen nur einmal diesen Weg. Jemand sagte einmal: »Das Leben ist wie eine Münze, die man ausgeben kann, wie man will. Aber man kann sie nur ein einziges Mal ausgeben«.

Die Frage, der wir uns alle stellen müssen, lautet: »Was mache ich aus meinem Leben? Wie kann ich es wirklich sinnvoll gestalten?«

Wir wollen nicht wie der Mann sein, der sagen mußte: »Ich bin 70 Jahre und habe durch mein Leben eigentlich gar nichts bewirkt.« Wir wollen nicht so beschäftigt sein oder einfach so vor uns hinleben, ohne zu merken, daß das Leben an uns vorbeirauscht. Wir wollen doch eines Tages in der Lage sein, mit einer gewissen Zufriedenheit und dem Gefühl, etwas geleistet zu haben, auf unser Leben zurückzuschauen. Und wir möchten gleichzeitig zuversichtlich und voller Erwartung auf das vor uns liegende Leben sehen können.

Lassen Sie uns deshalb über die entscheidenden Lebensfragen nachdenken und darüber, wie wir darauf reagieren sollten.

Bin ich eigentlich nur Zufall?

Eine der ersten Fragen, die wir uns stellen sollten, ist die Frage nach dem Sinn des Lebens. Wir befinden uns hier auf dem Planeten Erde und fragen uns: »Warum bin ich eigentlich geboren? Was ist der Sinn von all dem?« Vieles wird von der Beantwortung der Frage abhängen: »Wie sind wir eigentlich hierhergekommen?« Wenn wir das Produkt blinden Zufalls sind, dann spielt alles weitere eigentlich gar keine Rolle. Wir sind nicht anders als eine Amöbe, die im Teich umhertreibt oder eine Kuh auf der Weide, die ununterbrochen ihr Gras kaut. Unser Ziel ist das Grab. Wenn wir andererseits jedoch ein Geschöpf Gottes sind, liegt in uns eine höhere Bestimmung oder vielmehr ein tieferer Sinn. Ich habe bisher noch keine bessere Definition unseres Lebensziels gefunden als diese: »Das höchste Ziel des Menschen ist es, Gott zu verherrlichen und sich Seiner zu freuen.«

Zwei weitere Zitate sind ebenfalls bemerkenswert: F.W. Boreham sagte: »Es ist die Pflicht jedes Menschen, Vorsorge zu treffen für die Aufgabe, die er hat, wenn sein Leib schon im Grab liegt.« Und William Jones schrieb: »Der Sinn des Lebens liegt darin, es für eine Sache zu verschwenden, die auch noch nach dem Tod von Bedeutung ist.«

Es wäre tragisch, durchs Leben zu gehen, ohne seinen wahren Sinn zu erfassen, ohne etwas zu tun, was Lebenserfüllung bedeutet.

Die zwei Möglichkeiten der Lebensgestaltung

Wir sollten einmal nachdenken über die riesigen Möglichkeiten der Lebensgestaltung — Gutes zu tun, oder Böses zu tun, oder es einfach nur zu verschwenden.

Da war z. B. ein Mann mit Namen Mose, der sein Volk aus der Sklaverei in Ägypten in ein Land führte, das von Milch und Honig überfloß: Kanaan. Oder nehmen wir den Apostel Paulus, der das Evangelium durch ganz Kleinasien bis nach Europa brachte und somit das Weltgeschehen für Jahrhunderte beeinflußte. Oder auch A. Lincoln, ein einfacher Mann, der in Krisenzeiten aufwuchs und dann Millionen Menschen von ihren Fesseln befreite.

Aber es gab auch einen Nero, den herzlosen römischen Kaiser, der Christen in Teer tauchen ließ, sie dann anzündete, um genügend Licht für seine abendlichen Feste zu haben. Da war ein Stalin und sein brutales Regime, unter welchem Millionen von Menschen in den Straflagern geschlagen und gefoltert wurden. Da war ein Hitler, der für den Tod von 20 Millionen Menschen während des 2. Weltkrieges verantwortlich war.

Andere werden gar nicht mehr erwähnt, weder als gutes noch als schlechtes Beispiel. Ihr Leben war einfach nur Verschwendung. Zum Beispiel der Betrunkene in der Pennergegend, dessen Leben sich nur in Bars und obskuren Häusern abspielt. Oder die Prostituierte im Bordellviertel, die ihren Körper (oder sich selbst) an gierige Männer verkauft. Zu der Gruppe zählen aber auch solche, deren Leben nur aus Arbeit, Essen, Trinken und Fernsehen besteht.

Jedem Kind, das in diese Welt geboren wird, bietet sich die gesamte Skala der ungeheuer vielen Möglichkeiten der Lebensverwendung. Am Ende wird jeder selbst entscheiden müssen, ob sein Leben ein Segen, ein Fluch oder einfach nur ein Nichts gewesen ist.

Ihre Tage sind gezählt

Wir stehen immer wieder der Tatsache gegenüber, wie kurz das Leben eigentlich ist. Es ist wie Gras — man sät es, es wächst, es wird gemäht und ist schließlich nicht mehr da. Es ist wie Wind oder Dampf — vergänglich und flüchtig. Es ist wie ein Weberschiffchen, das wie aus einer Pistole geschossen über den Webstuhl schleudert. Es ist wie eine Handbreite — wie das kurze Streifen der Handfläche. Will Houghton hatte recht, als er sagte, das Kinderbett und der Sarg seien aus demselben Holz geschnitzt.

Heute sehen wir z. B. ein kleines Mädchen mit seinem reizenden und netten Lächeln und der zarten Haut. Wenn es strahlend seine Bewunderer anschaut, ist es einfach eine in rosafarbene Tücher gehüllte Schönheit. Warte ein paar Jahre, und sie schmückt sich mit Rüschen und Spitzen, mit Bündchen und Perlen. Vor einer Minute noch spielte sie zu Hause mit ihren Puppen, jetzt springt sie schon wieder über den Bürgersteig. Ehe man es überhaupt merkt, ist sie zu einer Jugendlichen herangewachsen, die nur noch Augen hat für Kleidung und Make up und ihre erste Verabredung wagt. Dann findet sie Erfüllung in der Ehe und in der Mutterrolle, schließlich ist sie Großmutter — reif, sanft, voller Weisheit, die sie durch Erfahrungen gesammelt hat.

Oder nehmen wir einen kleinen Jungen, ein in Blau gewickeltes Bündel. Bald schon ist er ein Junge, der seinen Eltern zu einem kostenlosen Psychologie-Lehrgang verhilft und der es versteht, sie bis an die Grenzen der Geduld zu treiben, bevor er wieder ganz behutsam das Feld räumt. Mit Taschen voller Würmer, Frösche, Nägel und Steine dreht er seine ersten Runden auf dem Fahrrad. Tagsüber mag er sich wie ein Bengel benehmen, doch wenn er in seinem Bettchen liegt, erscheint er eindeutig wie ein Engel. In den Teenager-Jahren will er unbedingt so sein wie die anderen und kümmert sich sehr intensiv um Kleidung und sein Äußeres. Er ist dreist und schüchtern zugleich, zuversichtlich und unsicher, romantisch und ein entschiedener Junggeselle. Als Mann ist er der Handelnde, trägt die Familienlast und die Geschäftsverantwortung. Er versucht, 30 Stunden in einem 24-Stunden-Tag unterzubringen und sein Geld zu strecken, um die immer höher werdenden Ausgaben begleichen zu können. Schon bald ist er ein alter Mann, dessen Körper nicht mehr das verwirklichen kann, was der Geist eigentlich möchte. Er sieht sich die hübschen jungen Leute an und sagt sich: »So war ich auch einmal.«

Wenn die Kürze des Lebens uns überhaupt etwas lehrt, dann folgendes: Was immer wir auch planen, wir sollten uns beeilen. Die Zeit wird sicher nicht warten!

Das Heute - Generalprobe für die Ewigkeit

Jeder sollte rechtzeitig an die Ewigkeit denken. Bald wird die Zeit zu Ende sein und die Ewigkeit beginnen.

Der Gedanke an die Ewigkeit ist einer der größten Gedanken, mit denen sich der menschliche Verstand beschäftigen kann. Jedoch ist kein Mensch in der Lage zu begreifen, was Ewigkeit bedeutet.

Was ist Ewigkeit? Es ist die Lebenszeit Gottes. Es ist ein Meer ohne Ufer. Es ist das künftige Leben, das ohne Ende sein wird. Es ist endlose Zeit.

Wenn jedes Sandkorn aller Strände der Welt ein Jahr darstellen würde, würde das immer noch nicht ausreichen, die Dauer der Ewigkeit zu beschreiben. Sie ist einfach ohne Ende und nicht vorstellbar.

Wir sollten uns dessen bewußt sein, daß wir alle einmal irgendwo für immer leben werden. Für mich ist das ein ehrfurchtgebietender Gedanke. Wir werden vergeblich versuchen, ihn zu ergründen. Wir haben eine unsterbliche Seele.

12

Das bedeutet natürlich auch, daß das jetzige Leben nicht alles ist. Es ist nur ein Kapitel in einem fortlaufenden Drama. So zu leben, als sei dieses Leben alles, würde bedeuten, das Begrenzte gegen das Unbegrenzte einzutauschen, oder zu vergessen, daß wir höhere Aufgaben zu erfüllen haben.

»Sind wir uns dessen bewußt, daß die kommende Zeit viel länger andauern wird als die jetzige, daß die Zukunft viel bedeutender ist als die Gegenwart; daß es schon Jahrhunderte vor uns gab und daß, wie lange es auch noch sein mag, das Leben hier auf der Erde nur ein Bruchteil dessen ist, was noch kommen wird? Sind wir uns dessen bewußt, daß unsere Arbeit in der kommenden Zeit weit wichtiger ist als das, was wir hier im Moment tun?« (T. Austin-Sparks)

Jemand beobachtet Sie

Wir haben oben gesagt, daß Ewigkeit einer der größten Gedanken ist, mit denen der menschliche Verstand sich beschäftigen kann. Nun, der größte aller Gedanken ist der Gedanke an Gott. Früher oder später ist jeder gezwungen, einmal über Gott nachzudenken. Jeder muß für sich entscheiden, ob die Existenz Gottes für ihn Realität ist und welche Konsequenzen das für ihn hat.

Wer ist Gott? »Gott ist ein Geist, ohne Ende, ewig und unveränderlich in Seinem Wesen, Seiner Weisheit, Seiner Macht, Seiner Heiligkeit, Seiner Gerechtigkeit, Seiner Güte und Seiner Wahrheit.«

Woher wissen wir, daß es Gott gibt? Er offenbart Sich in der Schöpfung, im Gewissen, in der Bibel und in der Person Jesu Christi.

Er offenbart sich in der Schöpfung: Ein Geschöpf setzt einen Schöpfer voraus. Ein Bild setzt einen Maler voraus. Das Teleskop zeigt Ihn in der Ordnung und Größe Seines Universums. Das Mikroskop zeigt Ihn in der komplexen Anordnung jedes Atoms, das Er schuf.

Er offenbart sich im Gewissen: Jeder Mensch hat als einen warnenden Mechanismus ein angeborenes Bewußtsein eines höheren Wesens, das die Taten des Menschen entweder anerkennt oder verleugnet. Er mag vielleicht die innere Stimme ersticken oder sie bis zu einem Flüstern dämpfen. Der Gedanke an einen Gott mag ihm vielleicht so unbequem erscheinen, daß er Seine Existenz sogar ganz leugnet. Aber das Wissen um einen Gott ist immer noch vorhanden, tief im menschlichen Herzen.

Er offenbart sich in der Bibel: Dort lesen wir, daß Er allmächtig und allwissend ist und daß Er überall zur selben Zeit ist. Weiterhin sagt uns die Bibel, daß Er heilig, rechtschaffen und gerecht ist, und ebenso daß Er nicht nur erschaffen hat, sondern daß Er Seine Schöpfung auch aufrechterhält, versorgt, führt, bewahrt und rettet.

Er offenbart sich natürlich auch im Herrn Jesus Christus: Wenn Sie wissen möchten, wie Gott ist, schauen Sie die Person Jesu an. Er kam in diese Welt, um Gott zu offenbaren.

Auf dem Londoner Trafalgar Square befindet sich ein hoher Pfeiler mit einer Statue von Lord Nelson auf der Spitze. Die Statue ist jedoch so weit entfernt, daß nur die Tauben sie richtig sehen können. Anläßlich einer großen Ausstellung wurde einmal ein Bildhauer beauftragt, ein Duplikat dieser Statue herzustellen. Diese zweite Statue setzte man dann aber auf einen niedrigen Sockel, so daß alle Ausstellungsbesucher in der Lage waren, einmal von nahem zu sehen, was bis dahin nur undeutlich sichtbar war.

Jesus Christus ist Gott, der im Fleisch offenbar wurde. Wer Ihn sieht, sieht Gott, den Vater. Er ist das Ebenbild der Person Gottes.

Früher oder später wird jeder erkennen müssen, daß Gott wirklich existiert. Mehr noch: früher oder später wird jeder Mensch Gott gegenüberstehen. Wie wird dieses Treffen sein? Was können wir schon heute tun, um uns darauf vorzubereiten? Darüber sollten wir einmal nachdenken.

Der Tatsache ins Auge sehen

Jeder denkende Mensch macht sich seine Gedanken über all das Böse in der Welt. Sünde ist überall. Wir sehen sie um uns herum - in den schmutzigen Filmen im Fernsehen, auf Autoaufklebern oder sogar aufgesprüht auf Mauern. Wir sehen sie im sexuellen Durcheinander, in Trunksucht, Diebstahl, Mord, Bestechung, Korruption - wir könnten die Reihe noch fortsetzen. Selbst ein winziges Baby legt schon Selbstsucht, Wut und Rebellion an den Tag.

Wir hören Sünde um uns herum - Fluchen, dreckige Witze, billige Zweideutigkeiten.

Am schlimmsten finden wir die Sünde jedoch in uns selbst - in unserer Gedankenwelt, unseren Gewohnheiten und unserem extremen Egoismus. Wenn wir einmal ganz ehrlich sind, dann müssen wir zugeben, daß das, was sich in uns zeigt, noch viel schlimmer ist als das, was wir jemals getan haben.

Wir fragen uns: »Woher kommt die Sünde? Wie kann ich sie in meinem Leben besiegen? Wie kann ich frei werden von ihrer Schuld und der Verurteilung, die mich einmal treffen muß?«

Ich glaube, jeder sollte sich einmal mit diesem Thema auseinandersetzen und auch eine Antwort suchen, die absolut wahr ist.

Tod und Gericht

Der Tod ist der Wurm im Lebensapfel. Er ist der große Spielverderber, der alle Hoffnungen, Ziele, Träume, Freuden und Vergnügungen zunichte macht.

Es gab einmal einen Mann, der an der Börse unbedingt reich werden wollte. Als ihm dann von jemandem gesagt wurde, er habe einen Wunsch frei, wünschte er sich, einmal in die Zeitung desselben Tages im nächsten Jahr sehen zu können. Seine Absicht war natürlich, die in dem dazwischenliegenden Jahr am meisten gestiegenen Aktien zu kaufen. Als er die Zeitung bekam, freute er sich schon darüber, wie reich er bald sein würde. Dann fiel sein Blick plötzlich auf die Todesanzeigen, und dort fand er dann seinen eigenen Namen.

Der Tod ist unausweichlich. Wir sehen, wie andere vom Tod eingeholt werden, doch können wir uns nicht vorstellen, daß auch wir bald sterben könnten. Aber auch wir sind nicht immun gegen den Tod. Irgendwann wird er auch zu uns kommen.

Durch Leichenwagen, Leichenhäuser und Friedhöfe werden wir ständig daran erinnert. Eigentlich sollten wir uns inzwischen an die Tatsache des Todes gewöhnt haben, denn auch immer dann, wenn wir uns schlafen legen, stellen wir ein Bild des Todes dar. Der Körper schläft im Tod.

Viele Menschen wollen nicht an den Tod erinnert werden. In der japanischen Sprache gibt es z. B. nur ein einziges Wort für die Zahl »vier« und für »Tod«. Deshalb gibt es dort in Hotels auch kein 4. Stockwerk. (Trotzdem bleibt das Stockwerk über dem dritten das vierte, wie man es auch immer nennen mag.)

In dem Moment, in dem ein Mensch stirbt, geht er Gott entgegen. Es ist ein Moment des vollen Bewußtseins und der ehrfürchtigen Erwartung. Hier mögen wir unsere Augen vielleicht noch vor der Realität verschließen, aber schon eine Minute nach dem Tod werden sie weit offen sein.

Es ist töricht, so zu tun, als würden wir niemals sterben. Es ist nicht nur sinnvoll, sondern absolut notwendig, daß wir uns dieser unvermeidlichen Tatsache offen und ehrlich stellen und uns auf diesen Moment vorbereiten.

Sie säen - Sie ernten

Die Bibel sagt: »Nach dem Tod kommt das Gericht.« Das ist hart; es bedeutet, daß jeder eines Tages einmal Gott gegenüberstehen wird. Kleidung, Status-Symbole, Prestige, Reichtum und äußerlicher Glanz werden dann völlig wertlos sein. Alles wird ans Licht kommen - jedes unnütze Wort, jede zufällige Tat, alle Gedanken und Motive des Herzens. Die »Röntgenstrahlen Gottes« werden uns völlig durchleuchten. Nichts wird Seinem forschenden Blick entgehen.

Es muß einmal ein Gericht geben. Die Bibel bestätigt es. Gottes Heiligkeit erfordert es. Gerechtigkeit verlangt es.

Die Bibel bestätigt es: »Er hat einen Tag gesetzt, an dem er den Erdkreis richten wird in Gerechtigkeit durch einen Mann, den er dazu bestimmt hat, und er hat allen dadurch den Beweis gegeben, daß er ihn auferweckt hat aus den Toten.« Mit anderen Worten: Das Gericht ist so sicher wie die Auferstehung Jesu Christi. Wenn Er nicht auferstanden ist, brauchen wir uns keine Gedanken über das Gericht zu machen. Aber Er ist auferstanden!

Gottes Heiligkeit erfordert es: Er kann die Sünde nicht einfach übersehen oder leichtfertig damit umgehen. Schuld muß bezahlt werden, Buße ist Voraussetzung und die Strafe muß gesühnt werden.

Gerechtigkeit verlangt es: Nicht alle Rechnungen werden in diesem Leben beglichen. Verbrechen bleiben ungelöst, Schulden unbezahlt, Fehler unberichtigt.

Deshalb sollten Sie der Tatsache eines kommenden Gerichtes ins Auge sehen. Aber es reicht nicht aus, dies nur als wahr anzuerkennen. Sie sollten nicht eher ruhen, bis Sie jemand finden, der Sie von Ihrer großen Schuld freispricht. Wenn Sie das nicht schaffen, stehen Sie der nächsten furchtbaren Wahrheit gegenüber - der Realität der Hölle.

Kein Mittelweg

Hölle ist ein Thema, das mit größtem Feingefühl, ja mit Tränen behandelt werden sollte. Menschlich gesprochen würden wir es natürlich lieber vermeiden. Das Beste wäre wohl, gar nicht an die Existenz der Hölle zu glauben. Es wäre auch viel bequemer, an eine Allversöhnung zu glauben, d. h. an die Tatsache, daß jeder, selbst der Teufel, irgendwann einmal errettet würde. Eine andere Möglichkeit, die wir sicher auch eher bevorzugen würden, wäre zu glauben, daß jeder Mensch einmal eine zweite Chance nach dem Tod haben wird.

Vielleicht gefiele uns auch die Möglichkeit, daß die Menschen, die ein schlechtes Leben geführt haben, nicht für immer weiterleben, einfach aufhören, für ewig zu existieren.

Aber es steht uns nicht zu, eine dieser Möglichkeiten auszuwählen. Die Bibel betont die Existenz der Hölle ausdrücklich.

Der Herr Jesus selbst hat mehr über die Hölle als über den Himmel gesprochen. Natürlich glaubte Er an beides. Ebenso sicher bedingt die Realität der Hölle auch die eines Himmels. Die eine Tatsache ist ebenso real wie die andere.

Seltsam ist, daß viele Menschen, die gar nicht an eine Hölle glauben, ständig davon reden, daß andere einmal dort landen werden. Wohin also? An einen Ort, den es gar nicht gibt?

Es muß eine Hölle geben. Es ist schon so wie Clow sagte: »Es kann gar nicht so sein, daß es nur einen einzigen Ort geben soll für Maria und für Judas, für den reuigen und den unbußfertigen Dieb, für heilige Männer und Frauen und für eigensinnige und zynische Menschen voller Habsucht und Verbrechen.«

Die klassische Frage, mit der man allgemein beweisen will, daß es keine Hölle gibt, lautet: »Wie könnte ein Gott der Liebe eine Hölle zulassen?« Die Antwort ist ganz einfach: Gott schuf die Hölle nicht für die Menschen, sondern für den Teufel. Wie wir im nächsten Kapitel sehen werden, bezahlte Er einen hohen Preis dafür, daß kein Mensch jemals in die Hölle gehen muß. Er schuf eine Möglichkeit, nicht dorthin kommen zu müssen, und diese Möglichkeit bietet Er heute allen Menschen an.

Aber was ist, wenn ich Gottes Weg und Plan ablehne? Dann entscheide ich selbst mich für die Hölle. Eine andere Möglichkeit gibt es nicht.

Denkende Menschen sollten diese Aussagen erwägen und dann erkennen, daß, falls sie Gottes Angebot ablehnen, diese Erde hier der einzige »Himmel« ist, den sie jemals kennenlernen werden.

Alles bezahlt!

Jetzt kommen wir zum Zentrum und zur zentralen Heilstatsache der Weltgeschichte: Golgatha. Wenn ein Mensch daran vorübergeht, verpaßt er alles.

Was geschah auf Golgatha?

Dort starb der Schöpfer für Seine Geschöpfe. Der sündlose Gottessohn starb für die sündigen Menschen. Der gute Hirte starb für die verlorenen Schafe.

Vor einigen Jahren erzählte man sich während einer Jugendfreizeit folgende Geschichte: Eines Tages landeten einige außerirdische Wesen auf der Erde und unterhielten sich mit den Menschen. Es dauerte nicht lange, bis es zu einem großen Streit kam. Die Fremden forderten ihre Gegner heraus, indem sie sagten: »Womit könnt Ihr Menschen denn schon prahlen?« Die Antwort lautete: »Das wißt Ihr nicht? Vor kurzem sind wir auf dem Mond gelandet.« »Ach was, das ist für uns nichts Neues. Seit Jahren reisen wir schon auf andere Planeten. Habt Ihr sonst nichts zu bieten?« So ging es immer weiter. Was die Menschen auch vorbrachten, die Besucher aus dem Weltall hatten immer noch mehr zu bieten. Schließlich sagte dann ein Mensch ärgerlich: »Vor 1900 Jahren kam Gott auf unsere Erde!« »Ist das wahr? Dann laßt uns keine Zeit verlieren! Bringt uns doch endlich zu Ihm!« Doch der Mensch mußte ganz niedergeschlagen antworten: »Das können wir nicht. Wir haben Ihn umgebracht.«

Heute wissen wir, daß der Herr Jesus nicht tot ist. Er ist ein auferstandener, lebender Retter. Obwohl die Geschichte mit den Außerirdischen lehrmäßig sicher nicht sehr genau ist, so schockiert sie uns doch in diesem einen Punkt: Gott kam in der Person Jesu Christi vor 2000 Jahren zur Erde. Er wurde geboren von der Jungfrau Maria, wuchs auf in Nazareth und stellte sich den Menschen während der 30 Jahre Seines Erdenlebens als der Messias - der König Israels - vor.

Aber man verachtete und verspottete Ihn. Sowohl die Mächtigen als auch das Volk wiesen Ihn zurück. Schließlich wurde Er verraten, festgenommen und zu Unrecht angeklagt.

Obwohl der Richter Pilatus keine Schuld an Ihm finden konnte, lieferte er Ihn der aufgebrachten Menge aus, die Ihn kreuzigen ließ. So starb Er!

Aber Sein Tod hat mehr als nur vorübergehende Bedeutung. Gott legte alle unsere Ungerechtigkeiten auf Seinen Sohn; Er starb als Stellvertreter für die Sünden einer ganzen Menschheit. Er bezahlte die Strafe, die wir eigentlich hätten bezahlen müssen. Er starb den Tod, den wir hätten sterben müssen.

Doch drei Tage nach Seinem Tod ist Er wieder auferstanden; Er siegte über den Tod, die Sünde, die Hölle und den Teufel. Durch Seinen Opfertod und die wunderbare Auferstehung schuf Gott uns einen Weg zum Himmel, ohne die Augen vor den Sünden verschließen zu müssen oder einfach so darüber hinwegzusehen. Jesus wurde allen Forderungen Gottes gerecht. Wir hatten Gottes Gebote übertreten. Er trug die Strafe dafür und erfüllte die heiligen Forderungen Gottes.

Aber auch hier reicht die Tatsache Seines Opfertodes und der Auferstehung allein nicht aus. Wir werden nicht automatisch errettet. Das Geschenk muß angenommen, die Begnadigung, die Erlösung von den Sünden im Glauben akzeptiert werden. Das Werk Jesu Christi reicht für alle aus, aber es ist nur dann wirksam, wenn wir es annehmen. Gott würde es nie zulassen, daß Menschen in den Himmel kommen, die gar nicht dort sein wollen. Es wäre ja für sie auch nie der Himmel. Sie würden sogar den anderen Menschen die Freude im Himmel zu sein verderben.

Jesus Christus vollendete das Werk, das zu unserer Errettung nötig ist. Doch den nächsten Schritt müssen wir tun. Das ist der wichtigste Schritt, den wir überhaupt gehen können, die wichtigste Sache unseres Lebens, um errettet zu werden.

Die Stunde der Wahrheit

Wie kann ich errettet werden? Das ist eine gute Frage, wenn sie wirklich ernst gemeint ist.

Zuerst muß eine tiefe Erkenntnis der Schuld bei Ihnen vorhanden sein. Sie müssen sich darüber im klaren sein, daß Sie nichts anderes als die Hölle verdient haben. Ich glaube, das meinte Mark Twain, als er sagte: »In den Himmel kommt man nur durch die Gnade. Wenn man sich den Himmel verdienen müßte, käme sicher eher Dein Hund dorthin und Du müßtest draußen bleiben.«

Gleichzeitig muß zu dieser tiefen Sündenerkenntnis ein regelrechter Ekel vor der Sünde und somit auch ein Abwenden von ihr bei Ihnen zu finden sein.

Zweitens müssen Sie den Gedanken aufgeben, daß Sie sich selbst retten können oder durch gute Werke oder Ihren guten Charakter zu Ihrer Errettung beitragen können. Sie müssen mit der Einstellung kommen: »Ich habe nichts zu bringen. Ich kann mich nur schuldig bekennen und völlig auf Gottes Gnade verlassen.«

Drittens glauben Sie daran, daß Jesus Christus als Ihr Stellvertreter gestorben ist. Er vergoß Sein Blut, um die Strafe für Ihre Sünden zu zahlen. Sie hätten sterben müssen, aber Er starb für Sie.

Schließlich müssen Sie Jesus Christus im Glauben als Ihren Herrn und Retter annehmen. Indem Sie Ihn als HERRN annehmen, bezeugen Sie, daß Sie unfähig sind, Ihr Leben zu leben und Sie deshalb Ihm die Leitung übergeben. Indem Sie Ihn als Retter annehmen, drücken Sie aus, daß Er der einzige ist, der Sie von Ihren Sünden und von der Hölle befreien und schließlich auch in den Himmel bringen kann.

Tun Sie das, können Sie sich völlig auf die Autorität der Bibel verlassen, die erklärt, daß Ihre Sünden vergeben sind, Sie von Neuem geboren sind und nun ewiges Leben haben. In Jesus Christus sind Sie eine neue Schöpfung.

Wenn Sie es bisher noch nicht getan haben, warum tun Sie es nicht heute? Bekennen Sie Ihre Sünden, glauben Sie an den Herrn Jesus Christus und kommen Sie vom Tod zum Leben. Wenn Sie glauben, es koste zu viel, ein Christ zu werden, so seien Sie sich dessen bewußt, was es kostet, nicht Christ zu sein.

Wohin gehen wir?

Glauben Sie nicht, wenn Sie bekehrt sind, sei alles zu Ende. Das ist erst der Anfang. Es ist das Ende eines alten

Kapitels und der Beginn eines neuen - eine Tatsache, die Sie durch die Taufe zum Ausdruck bringen.

Bis jetzt haben Sie einige wichtige Entscheidungen getroffen. Aber es gibt noch viel mehr - noch mehr Tatsachen, denen Sie sich stellen müssen und Dinge, die Sie in Angriff nehmen müssen. Welche Dinge sind das?

Keine Zeit zu verlieren!

Sie haben schon gemerkt, wie kurz die Zeit ist, die Ihnen im Leben bleibt, um die Gelegenheit der Errettung zu ergreifen. »Die Zeit, die wir haben, dem Herrn zu dienen, ist kurz, und wir sollten das Beste daraus machen.«

Das ist so etwas wie ein Echo auf die Worte des Herrn Jesus Christus. Er sagt: »Ich muß die Werke dessen wirken, der mich gesandt hat, solange es Tag ist, es kommt die Nacht, da niemand wirken kann« (Johannes 9,4).

Alle Männer Gottes, die für Ihn gearbeitet haben, taten dies immer im Bewußtsein der Dringlichkeit ihrer Arbeit. Abrahams Diener sagte: »Ich will nicht essen, bis ich meine Worte geredet habe« (1. Mose 24,33). Amy Carmichael erklärte: »Die Worte Gottes sind auf mir. Ich kann nicht eher ruhen, bis ich meine Arbeit getan und Rechenschaft darüber abgelegt habe.« An anderer Stelle schrieb sie: »Nur 12 kurze Stunden - oh, laß niemals den Gedanken an die Dringlichkeit unserer Arbeit in uns sterben.«

Ein japanischer Autohersteller wählte als Werbespruch den Satz: »Wir werden gedrängt.«

Der Gläubige sollte genauso gelenkt werden von dem

Gedanken, wie viel noch zu tun ist und wie wenig Zeit uns nur noch dazu bleibt.

Gekauft und bezahlt

Ein weiterer Gedanke, der uns als Christen packen muß, ist die Tatsache der Erlösung. Eins der vielen Dinge, die geschehen, wenn ein Mensch Christ wird, ist, daß er losgekauft wird, d. h. er wurde freigekauft von dem Sklavendasein der Sünde durch den Herrn Jesus Christus. Einmal gehörten wir als Geschöpfe Gottes zu Ihm. Doch wir liefen Ihm weg und wurden Kinder des Ungehorsams, bis Christus uns freikaufte. Jetzt gehören wir wieder Ihm. Der Preis unserer Erlösung konnte nicht mit Geld, sondern nur mit dem kostbaren Blut Jesu bezahlt werden. Es ist ein Zeichen unaussprechlicher Gnade, daß Er willig war, einen solch hohen Preis für schuldige Menschen wie uns zu bezahlen. Aber das zeigt uns, wie wertvoll wir in Seinen Augen sind.

Wenn Er uns gekauft hat, gehören wir aber nicht länger uns selbst. Nun gehören wir für immer Ihm. Als C.T. Studd dies deutlich wurde, änderte es sein ganzes Leben: »Ich wußte zwar«, bekennt er, »daß Jesus für mich gestorben war, aber ich hatte nie begriffen, daß, wenn Er für mich gestorben ist, ich nicht mehr mir selbst gehöre. Erlösung heißt Zurückkaufen. So bin ich, wenn ich Ihm gehöre, entweder ein Dieb, der behält, was ihm nicht gehört, oder ich übergebe mich ganz meinem Gott. Als ich erkannte, daß Jesus Christus für mich gestorben war, fiel es mir nicht schwer, alles Ihm zu überlassen.«

Der Apostel Paulus erinnert uns daran, daß wir nicht uns selbst gehören, wenn er sagt, daß wir mit einem Preis erkauft worden sind. Wir können das theoretisch alles begriffen haben und trotzdem noch ein Leben führen, das nicht Ihm gehört. Den Weg, den wir einschlagen müssen, ist deshalb der, daß wir Seine Rechte anerkennen und sie Ihm völlig übergeben.

Zeigen Sie mir Ihren Herrn

Im Römischen Reich, wo der Kaiser verehrt wurde, mußten alle Menschen schwören »Caesar ist der Herr«. Wer dies verweigerte, wurde zum Tod verurteilt. Christen konnten solch einer Gotteslästerung natürlich nicht zustimmen. Ihr deutliches Bekenntnis lautete: »Jesus ist der Herr«. Sie starben für diese Wahrheit.

Wir werden nicht gezwungen, einen irdischen Herrscher zu verehren, aber wir sind verpflichtet, Jesus Christus als unseren Herrn anzuerkennen. Deshalb starb Er und ist wieder auferstanden - damit Er der Herr sei. Und als Herr hat Er jedes Recht.

Es ist jedoch nutzlos, Ihn als unseren Herrn anzuerkennen, wenn wir Ihm gar nicht gehorchen. Wir können nicht bekennen: »Er ist mein Herr« und dann im gleichen Atemzug sagen: »Nicht so, Herr!«

Es gibt viele Menschen, die Jesus gern als Retter annehmen würden, aber nicht bereit sind, Ihm die Herrschaft über ihr Leben zu übergeben. In der Bibel wird dieser Gedanke in keiner Weise gestützt. Wir müssen ohne Einschränkungen zu Ihm kommen. Halbe Sachen gibt es nicht.

John Stott, der die Krönung der Queen im Westminster Abbey beschrieb, sagte, daß der Moment kurz bevor die Krone auf ihren Kopf gesetzt wurde, einer der bewegendsten Momente gewesen sei. »Der Erzbischof von Canterbury, der höchste Bürger des Landes, rief viermal, in jede Ecke, nach Norden, Süden, Osten und Westen aus: Sirs, hier ist unsere Königin. Wollen Sie ihr die Ehre geben? Und die Krone wurde ihr nicht eher aufgesetzt, bis ein bejahendes Rufen aus allen vier Ecken zurückschallte.« John Stott fuhr fort: »Heute stelle ich Ihnen Jesus Christus als Ihren König und Herrn vor. Wollen Sie Ihm allein die Ehre geben?«

Diese Frage muß jeder, der bekennt, an Ihn zu glauben, beantworten. Hat der Herr Ihre bejahende Antwort überhaupt schon gehört?

Getrieben von der Liebe Christi

Lassen Sie mich noch ein weiteres Thema zur Sprache bringen, das jedes Gotteskind motivieren sollte, wirklich für Ihn »Geschichte zu machen«. Ich spreche von der Liebe Christi zu Ihnen und mir.

Sehen Sie es einmal so: Jemand starb für Sie. Und dieser Jemand war nicht ein Sünder wie wir. Er war der heilige Sohn Gottes, der mit Gott von Ewigkeit an in ungestörter Seligkeit lebte. Er liebte Sie so sehr, daß Er Sein Leben als Lösegeld für Sie gab. Und warum liebte Er Sie so sehr? Es war nicht Ihr Verdienst. Es war nichts an Ihnen, das diese Liebe hätte hervorrufen können. Denn Sie waren Sein Feind. Seine Liebe war völlig unverdient.

Der Grund, warum Er Sie liebt ist, daß Er einfach die Liebe ist. Es ist Seine Wesensart zu lieben und Liebe braucht ein Objekt. Sie waren tot in Sünden und Übertretung. Wenn Er nicht eingegriffen hätte, wären Sie für immer umgekommen.

Niemand kann die Ausmaße solcher Liebe ergründen, ihre Breite, Länge, Tiefe und Höhe. Sie ist für uns einfach unbeschreiblich. Jeder Versuch, sie zu beschreiben, ist zum Scheitern verurteilt.

Glauben Sie immer noch, daß Er für Sie starb, damit Sie Ihr selbstsüchtiges, sündiges Leben, das Sie bisher führten, weiterleben können? Nein, Er starb, damit Sie von nun an für Ihn leben können. Das sollte eine lebensbestimmende Tatsache sein. Ist es das für Sie?

Keine Besitzer, sondern Verwalter

Wir sind noch nicht am Ende. Ein weiterer grundlegender Gedanke, mit dem wir uns auseinandersetzen müssen, ist die Lehre von der Verwaltung. Das bedeutet ganz einfach, daß wir leben, um Gottes Interessen zu vertreten. Wir sind Seine Verwalter.

Alles, was wir haben, gehört Ihm - unsere Zeit, unsere Fähigkeiten, unsere Reichtümer. Sehr schnell geben wir uns dem Gedanken hin, unser Geld, unsere Fähigkeiten, das Haus, das Auto und die Familie gehöre uns. So sind wir der Boß und bestimmen selbst. Die meisten Christen denken so. Aber da täuschen sie sich gewaltig. Wir gehören unserem Herrn, mit allem, was wir sind und was wir haben.

Die Frage ist: »Wie können wir das, was Er uns anvertraut hat, am besten nutzen, um Seinem Namen Ehre zu bereiten und Seine Sache voranzutreiben?«

Eines Tages werden wir unserem Herrn gegenüberstehen und Ihm Rechenschaft über unser Tun abgeben müssen. Dann wird sich herausstellen, wofür wir unsere Fähigkeiten eingesetzt haben. Es wird sich zeigen, ob wir unser Geld und unsere Zeit für selbstsüchtige Ziele mit bedeutungslosen Aktivitäten vergeudet haben, die völlig ohne Sinn für Gottes Plan blieben.

Wir machen uns selbst etwas vor, wenn wir glauben, wir bekämen einmal alle göttlichen Ruhm. Eines Tages wird unser Leben und unser Arbeiten für den Herrn genau so aufgedeckt werden, wie es wirklich gewesen ist.

Was bewegt das Herz Gottes?

Wenn wir uns Gedanken darüber machen, wie wir unser Leben gestalten sollten, dürfen wir nie vergessen, daß Männer und Frauen um uns herum ohne Christus sterben. Das sollte uns tief bewegen.

Ich müßte mir doch Sorgen machen um meine Verwandten, Freunde, Nachbarn, Kollegen, ja um alle Menschen. Der Herr Jesus lehrte uns, daß wir unseren Nächsten lieben sollten wie uns selbst. Mein Nächster ist der, der in Not ist. Wenn ich ihn wirklich lieb habe, möchte ich miterleben, wie er gesegnet wird. Ich werde Opfer bringen, damit er eine Bibel bekommt und vor allem, daß er gerettet wird und das ewige Leben erhält.

Auf die Menschen kommt es an. Sachen sind nicht so wichtig. Deshalb sollte ich meine Mitmenschen viel mehr lieben als irgendwelche materiellen Dinge.

Wenn mein Leben wirklich wertvoll sein soll, muß ich jemand werden, der sich für andere einsetzt.

Leben auf einer Goldmine

Es wäre doch furchtbar, wenn es ein Heilmittel für Krebs gäbe und man es keinem Menschen auf der Erde sagen würde. Genauso schlimm oder noch viel schlimmer ist, wenn man weiß, wie man frei werden kann von der Sünde und es den Verlorenen nicht mitteilt.

Es gab einmal einen Reisenden auf der Long Island Eisenbahn, der immer durch die Züge ging und den Menschen sagte (egal, wer auch immer zuhörte): »Wenn Sie jemand kennen, der blind ist, erzählen Sie ihm von Dr. Blum. Ich war blind und er heilte mich.«

Als ich bei der Marine diente, war ich furchtbar schüchtern, wenn es darum ging, anderen Menschen von meinem Herrn weiterzusagen (ein Fehler, den ich mein Leben lang nicht ablegen konnte). Eines Abends ging ich auf unserem Stützpunkt zum Essen in die Kantine. Nur ein Mann saß zu der Zeit dort, ein Pilot, den wir einmal Mack Knabe nennen wollen. Er aß gerade sein Steak und las dabei in der Zeitung. Ich bestellte mir ein Steak und fing ebenso an, in der Zeitung zu lesen. Dann war es mir plötzlich so, als würde der Herr direkt zu mir sagen, ich solle jetzt mit Mack über seine Zukunft sprechen. Innerlich widersprach ich natürlich sofort und entschuldigte meine Angst, indem ich Gott sagte, er würde doch gerade seine Zeitung lesen und wäre deshalb bestimmt nicht erfreut, gestört zu werden. Nachdem mein Steak gekommen war, spürte ich erneut dieses Drängen in mir, zu Mack zu reden. Doch ich aß schnell mein Steak, las die Zeitung und verdrängte diesen Gedanken.

In dieser Nacht starteten Mack und sein Co-Pilot zu einem Frachtflug an die Westküste. Sie landeten in Flagstaff, Arizona, und starteten dann wieder. Kurz darauf war das Flugzeug spurlos verschwunden. Suchtrupps wurden losgeschickt, aber man fand keine Spuren der DC-3. Wochen und Monate vergingen, aber das Geheimnis des verschwundenen Flugzeuges konnte nicht gelöst werden.

Im Frühling 1943 dann sahen einige Pfadfinder in den Bergen von San Francisco, außerhalb Flagstaffs, das hintere Ende eines Flugzeuges aus dem Schnee herausragen. Als die Polizei an die Absturzstelle kam, fand sie die Leichen von Mack Knabe und seinem Co-Piloten in den Trümmern.

Sie können sich sicher vorstellen, was das für ein furchtbares Erlebnis für mich war. Ich hatte versäumt, einem Menschen an seinem letzten Lebenstag die frohe Botschaft von Jesus Christus weiterzusagen. Kurz danach ging ich durch die Flugzeughalle und sah, daß man eine Plane auf dem Deck ausgebreitet hatte. Zwei Beamte untersuchten noch einmal die Körper Mack's und seines Co-Piloten, bevor man sie den Angehörigen übergeben wollte. Ich rannte zurück in mein Zimmer, fiel auf meine Knie und weinte. Ich schämte mich furchtbar und hatte große Gewissensbisse, weil ich die Antwort auf alle Lebensfragen kannte und sie nicht weitergegeben hatte. Jetzt muß ich mit dem Gedanken leben, daß einmal jemand seinen Finger auf mich hält und mir vorwirft: »Du hast es mir nie gesagt!«

Es gibt sicher einige Dinge, die Ungläubige genausogut tun können wie wir. Aber wir sind die einzigen, die anderen den Weg des Heils erklären können. In diesem Sinne sind wir unabkömmlich. Wir sollten der Welt die Dinge überlassen, die sie tun kann und uns die lebenswichtigen Aufgaben vornehmen. Ist das nicht das, was Jesus meinte, als Er sagte: »Laß die Toten die Toten begraben, du aber geh hin und verkündige das Reich Gottes« (Lukas 9,60)? Paulus sagte, daß er sowohl den Griechen als auch den Juden, einfach allen Menschen, das Evangelium verkündigen mußte. Deshalb war er jederzeit bereit, es zu tun.

Wir schulden es einfach allen Menschen. Wir alle sollten wie die verhungernden Aussätzigen im Alten Testament bereit sein, die sich plötzlich mitten in einem unglaublichen Überfluß von Nahrung wiederfanden. Sie wußten: »Wir tun nicht recht, wenn nur wir genießen. Dies ist ein Tag guter Botschaft. Schweigen wir, so wird uns Schuld treffen. Wir haben keine Zeit, still zu bleiben.« So gingen sie los und sagten ihren Mitmenschen, wo man Brot bekommen konnte.

Heute haben wir keine Zeit, still zu sein.

Ruf es von den Dächern

Der Herr Jesus sagte: »Geht nun hin und macht alle Nationen zu Jüngern, indem ihr diese tauft auf den Namen des Vaters, des Sohnes und des Heiligen Geistes, und sie lehrt, alles zu bewahren, was ich euch geboten habe. Und siehe, ich bin bei euch alle Tage bis zur Vollendung des Zeitalters.« (Matthäus 28,19.20)

Dies ist ein direkter Befehl des auferstandenen Herrn an Seine Jünger. Jeder Christ sollte auf die eine oder andere Weise in die Evangelisation miteinbezogen sein. Die einzige Frage, die wir uns stellen müssen, lautet: »Sind wir auch gehorsam?« Wenn der Herr Jesus sagt »Geh«, sagen wir dann vielleicht »Nein«? Oder wenn Er fragt: »Wen soll ich senden, wer will gehen?«, sagen wir dann: »Hier bin ich, sende mich«?

Bei der Planung Ihres Lebens sollten Sie sich fragen: »Was mache ich mit Gottes Missionsbefehl?«

Der Film Ihres Lebens rollt noch einmal ab

Ein letztes wichtiges Thema, mit dem wir uns nun noch beschäftigen sollten, ist der Richterstuhl Christi. Das ist der Ort, an dem unser Wirken beurteilt wird. Das wird ein Augenblick der Rückschau und der Belohnung sein.

Die Sünden der Christen werden dort nicht zur Sprache kommen; dieses Gericht fand einmal am Kreuz auf Golgatha statt. Unsere Strafe ist bezahlt, und Gott wird keine zweimalige Bezahlung verlangen. Es gibt keine doppelte Gefahr.

Aber dort wird unser Tun für den Herrn bewertet und wir werden entweder belohnt oder erleiden Verlust.

Der Richterstuhl Christi ist nicht wie ein Strafgericht, in welchem der Richter die Gesetzesübertreter verurteilt. Eher ist es wie bei einer Preisverleihung, bei der der Richter den ersten, zweiten und dritten Platz verleiht und andere lobend erwähnt.

Obwohl der Richterstuhl Christi uns keine Angst einflößen muß, sollte er doch den Wunsch in uns wecken, den Herrn in allen Dingen zu erfreuen und unser Leben wertvoll für die Ewigkeit zu gestalten. »Unser Leben sollte im Licht der Ewigkeit gelebt werden. Wo werden wir, Sie und ich, in 100 Jahren sein? Wir sollten lernen, für das leuchtende und alles offenbarende Licht zu leben, das durch alle unsere Motive und unser ganzes Sein hindurchscheinen will, noch viel heller und klarer, als ein Röntgenstrahl durch unseren Körper hindurchstrahlt.«

Eine Atempause zur Wiederholung

Lassen Sie uns nun eine kurze Pause machen, um einmal durchzuatmen, um das Gelernte noch einmal nachzuvollziehen. Wir haben uns über wichtige Ereignisse und Fragen des Lebens Gedanken gemacht, die wir alle bedenken sollten, um unser Leben sinnvoll zu gestalten.

Die Zeit ist kurz. Sie geht zu Ende. Wir sollten jede Minute zu einer wertvollen Minute werden lassen.

Wir gehören nicht uns selbst. Christus kaufte uns am Kreuz frei. Nun gehören wir Ihm.

Jesus ist der Herr. Als solcher hat Er das Recht zur absoluten Herrschaft in unserem Leben. Es ist nun an uns, sie Ihm einzuräumen.

Wir sind Verwalter. Alles, was wir haben, gehört Ihm. Wir sind dafür verantwortlich, Seine Arbeit so zu verwalten, daß sie Ihn ehrt und Seine Sache vorantreibt.

Männer und Frauen um uns herum gehen verloren. Wir sollten uns darum sorgen und uns nicht vom Materiellen gefangen nehmen lassen, während die Rettung von Seelen auf dem Spiel steht.

Wir haben die Antwort auf die Bedürfnisse der Welt. Es ist schrecklich, die Antwort zu kennen und sie nicht weiterzugeben. Das sind wir allen Menschen schuldig!

Der Missionsbefehl ist immer noch der klare Auftrag Christi. Jedes Geschöpf Gottes ist entweder ein Missionar oder ein Missionsfeld. Jesus sagte: »Geht hin!«

Bald werden wir vor dem Richterstuhl Christi stehen. Das, was dann von Bedeutung sein wird, sollte auch jetzt schon unser Leben bestimmen.

Dies sind die Tatsachen. Die Frage ist: Was machen wir damit?

Es gibt drei Möglichkeiten:

Erstens können wir unser Leben nach unseren eigenen Fähigkeiten planen, d.h. tun, was wir wollen.

Zweitens können wir unser Leben leben, wie es gerade kommt, einfach so mit dem Strom schwimmen.

Schließlich können wir unser Leben auch ganz Jesus Christus übergeben und Ihm die Führung überlassen.

Lassen Sie uns diese drei Möglichkeiten einmal genauer ansehen und dann entscheiden, für welche wir uns entscheiden wollen.

Plan A: Sein eigenes Leben leben

Für diese Möglichkeit entscheiden sich die meisten Menschen. Sie haben unbegrenztes Vertrauen in ihre eigene Weisheit und Fähigkeiten. Große Ziele werden gesteckt, die durch nichts gestört werden dürfen. Mit verbissener Bestimmtheit verfolgt man sie.

Zu Geld kommen

Dieser Mensch will unbedingt ein Vermögen schaffen. Das bietet ihm die Aussicht auf Erfüllung. Er kann nie genug bekommen.

Er vergißt das römische Sprichwort, das besagt, daß Geld wie Meerwasser ist; je mehr man trinkt, desto durstiger wird man.

Er vergißt, daß Habgier so wirkt, als würde man an ein elektrisches Kabel fassen; es ist schwer, wieder davon loszukommen.

Er vergißt, daß das Neue Testament nichts Gutes über das Sammeln von Reichtümern sagt. Es sagt, daß es schwer ist für einen Reichen, ins Reich Gottes einzugehen. Es sagt, daß die Geldliebe die Wurzel alles Bösen ist. Es sagt, daß Habsucht Götzendienst ist. Es warnt uns davor, Schätze in dieser Welt zu sammeln.

In der griechischen Mythologie ist zu lesen, wie ein junges Mädchen von der Verlockung des Geldes abgelenkt wurde. Atlanta gelobte, einen Mann nur dann heiraten zu wollen, wenn er sie in einem Wettlauf besiegen würde. Jeder, der verlieren würde, sollte sterben. Bevor das Rennen begann, bekam Hippomenes drei goldene Äpfel von Aphrodite. Während des Rennens ließ er sie nach und nach fallen. Atlanta, die anhielt, um sie aufzuheben, fiel somit zurück und verlor das Rennen.

Ein Kind Gottes ist immer in der Gefahr, von goldenen Äpfeln abgelenkt zu werden. Es vergißt sehr schnell, daß die geistlichen Reichtümer eigentlich die wahren Schätze sind. Das wird in der Geschichte des reichsten Mannes im Tal von Harold Wildish gut dargestellt.

Ein reicher Mann lebte in einem riesigen und schönen Haus hoch oben auf einem Berg. Von seinem Fenster aus konnte er über ein grünes Tal hinausblicken, das in viele Farmen aufgeteilt war, und oft sagte er: »Das alles gehört mir.« Er hatte alles, was man sich mit Geld kaufen kann, aber er war allein. Er beugte nie seine Knie zum Gebet, las nie in der Bibel und ging nie zur Kirche.

Sein wichtigster Mann war arm, er lebte mit Frau und Kindern in einer kleinen Hütte. Ihr Zuhause war jedoch ein Ort der Freude und des Friedens. Jeder kannte John als einen gottesfürchtigen Mann. Man hörte ihn oft, wenn er in der Kapelle betete.

Eines Morgens, zur Frühstückszeit, klingelte es an der Tür des reichen Mannes. Er fragte sich, wer dies wohl schon so früh sein könnte, öffnete die Tür und sah John, der ganz schüchtern davor stand.

»Stimmt irgend etwas mit den Pferden nicht, John?«

»Nein, das nicht, aber kann ich Sie bitte einen Moment sprechen?«

»Natürlich, komm rein!«

Und dann standen sich diese beiden so gegensätzlichen Menschen gegenüber.

»Ich hatte so ein Gefühl, als müßte ich jetzt mit Ihnen reden«, fing John an, »denn ich hatte letzte Nacht einen schrecklichen Traum, und ich dachte, ich sollte Ihnen davon berichten.«

»Natürlich, erzähl mir Deinen Traum.«

»Nun, ich träumte, Gott würde zu mir sprechen und mir sagen, der reichste Mann im Tal würde heute um Mitternacht sterben. Ich hoffe, Sie sind mir jetzt nicht böse, aber ich spürte, daß ich Ihnen das sagen mußte.«

»Ach John, es geht mir sehr gut. Mach Dir keine Sorgen. Und außerdem glaube ich sowieso nicht an Träume.«

John wandte sich ab, um sich wieder an seine Arbeit zu begeben. Fast entschuldigend sagte er noch einmal: »Ich dachte, ich müßte es Ihnen sagen.«

Der reiche Mann ging zurück und schaute über sein Tal. »Verrückter alter Narr. So ein Quatsch. Mir geht es sehr gut.«

Gegen 10 Uhr ließ er sich zum Arzt in die Stadt fahren. Nach einer gründlichen Untersuchung sagte ihm der Arzt: »Sie sind in bester Verfassung. Ich gebe Ihnen noch weitere 20 Jahre.«

»Das dachte ich mir ja auch«, sagte der reiche Mann.

»Wie wäre es, Herr Doktor, wenn Sie heute abend zum Essen kommen würden? Danach könnten wir noch gemütlich am Feuer zusammensitzen. ... Kommen Sie doch gegen 19 Uhr.«

Den ganzen Tag versuchte er sich mit seinen Geschäften oder auch mit besonders schönen Dingen zu beschäftigen. Doch er konnte einfach die Worte nicht vergessen: »Der reichste Mann im Tal wird um Mitternacht sterben.«

Er war erleichtert, als der Arzt kam. Sie aßen ein prächtiges Mahl, genossen großzügig den Wein und saßen schließlich noch gemütlich am Feuer und unterhielten sich.

Gegen 11 Uhr wollte der Arzt gehen, aber der reiche Mann drängte ihn, noch bis Mitternacht zu bleiben.

Dann schloß er die Tür auf und stand dabei auf dem Teppich, wo John diese ominösen Worte gesagt hatte: »Der reichste Mann im Tal wird heute nacht sterben.«

»Verrückter alter Narr, mir geht es gut«, sagte er sich noch einmal und ging ins Bett.

Um 0:30 Uhr klingelte es. Er zog sich schnell einen Morgenrock über und wollte die Tür öffnen. Er dachte, der Arzt hätte sicher noch etwas vergessen.

Doch dann sah er ein junges, weinendes Mädchen mit völlig zerzaustem Haar.

»Was ist los, wer bist Du?«

Die Worte kamen nur schluchzend heraus. »Mutter schickt mich zu Ihnen. Vater ist um Mitternacht gestorben. Sie sagte, Sie sollten es wissen.«

»Was, John? O, das tut mir ja so leid! Sag ihr, ich würde sofort morgen früh zu ihr kommen.«

Das weinende Mädchen drehte sich um und verschwand in der Dunkelheit. Langsam schloß er die Tür und stand wieder auf dem Teppich. In seinem Herzen stieß er einen Schrei aus: »O Gott, wie dumm bin ich gewesen. Es war der gottesfürchtige John, reich an Glauben, Liebe und

Frieden, der Dein Rufen hören sollte. Er war der reichste Mann im Tal.«

Es ist komisch, daß Menschen, die nur für ihr Geld leben, nicht ein Dollar-Zeichen auf ihrem Grabstein haben wollen. Sie entscheiden sich eher für ein Kreuz oder einen David-Stern, so daß man sich ihrer »Frömmigkeit« und nicht ihrer Habsucht erinnert. So wie eine Münze, die man vor die Augen hält, die Sonne verdecken kann, so kann Geld, wenn man es vor die Seele hält, die Gedanken an Gott auslöschen. Für Geld zu leben ist eine Sackgasse. Bei Beerdigungen gibt es keine Panzerwagen. Sie können Ihr Geld nicht mitnehmen.

Der, welcher für Geld lebt, verehrt den falschen Gott und hat nicht das wahre Leben in seinem Herzen.

Wieviel ist genug?

Eine andere Art, sein Leben zu gestalten, ist, alle Arten von Reichtümern zu sammeln - nicht unbedingt Geld, sondern Wohlstand in jeder anderen Form. Manche wünschen sich nichts sehnlicher als ein großes Haus mit Swimming Pool, Rennboot, Wohnmobil , Kunstgegenständen, teurem Porzellan, echtem Silberbesteck, Schmuck, Vieh, teuren Möbeln, einem Hobby-Raum und einer Menge Autos in der Hofeinfahrt.

Tolstoj berichtet von einem Mann, der einen unersättlichen Hunger nach mehr Land hatte. Er hörte davon, daß bei den Bashkirs noch Land zu erwerben sei. Für 1000 Rubel konnte er soviel Land kaufen, wie er an einen Tag (von Sonnenaufgang bis Sonnenuntergang) abschreiten konnte. Er ging los und machte so große Bögen wie nur möglich über das Feld. Wenn er guten Boden sah, ging er einen Umweg.

Am späten Nachmittag bemerkte er, daß er zu viele Umwege gegangen war, so rannte er immer weiter, bis er schließlich wieder am Ausgangspunkt angekommen war. Als gerade die Sonne unterging, kam er keuchend und erschöpft an. Dann brach er zusammen und starb. Man begrub ihn in einem flachen Grab - mehr Land brauchte er nicht.

E. Stanley berichtete von einem anderen Mann, der sich jeden Wunsch erfüllen konnte. »Er wollte ein Haus und sofort bekam er es mit allem, was dazugehörte, einschließlich Bediensteten an der Tür. Er wollte ein tolles Auto und schon hatte er eins mit Chauffeur.

Anfangs fand er das toll, aber bald schon verlor es für ihn den Reiz und er sagte: »Ich will da raus. Ich möchte selbst etwas schaffen, auch einmal etwas auf mich nehmen müssen. Ich möchte lieber in der Hölle sein als hier.«

Und sein Begleiter fragte ihn daraufhin: »Was glaubst Du, wo Du bist?«

Die Wahrheit ist, daß viele Menschen heute in einer »Hölle des Materialismus« leben, zerrissen von Unsicherheit, Langeweile, Unzufriedenheit und Freudlosigkeit.

Eine wohlhabende Frau aus Minnesota schaute aus dem Fenster ihres Wohnhauses und sah in der Ferne ein Feuer über das Land ziehen. Sie schaute nach dem Wind und war beruhigt, als sie merkte, daß er von ihrem Haus wegblies. Aber schon bald änderte sich die Windrichtung und das Feuer kam auf das Haus zu. Sie entschloß sich, ihre wertvollsten Besitztümer zu retten. Schnell rannte sie in einen Raum und füllte ihre Arme, rannte dann in einen anderen, wo sie manches wieder hinlegte und andere Sachen dafür mitnahm. So fuhr sie fort, bis es Zeit war, zu fliehen. Als sie das Haus verließ, trug sie in der einen

Hand einen Eimer saurer Milch, in der anderen einen angeschnittenen Schinken.

Als Samuel Johnson durch den Garten eines prachtvollen Grundstücks geführt wurde, sagte er verächtlich: »Das ist es, was es einem Menschen so schwer macht, zu sterben.«

Es ist uns sicher klar, daß das Ansammeln von Reichtümern nicht der richtige Weg ist, sein Leben zu gestalten. Sehen wir uns einmal das Zeugnis solcher Menschen an, die den richtigen Weg fanden.

William C. Burns sagte: »Das Schönste für einen Christen ist, daß er nur wenige Wünsche hat. Wenn jemand Christus im Herzen und den Himmel vor Augen hat, und nur gerade so viel Ehre erfährt, daß es ausreicht, ihn gesund durchs Leben zu führen, können ihm Leid und Sorgen wenig zusetzen. Solch ein Mensch hat nur wenig zu verlieren.«

David Livingstone's Lebensausrichtung lautete: »Nichts, was ich habe oder irgendwann einmal besitzen werde, soll für mich von Bedeutung sein, außer den Dingen, die das Reich Gottes betreffen. Alles soll nur dazu dienen, den Ruhm dessen zu vermehren, auf dem alle meine Hoffnung für Zeit und Ewigkeit ruht. Gnade und Stärke, die es ermöglichen, treu an diesem Entschluß festzuhalten, mögen sich immer reichlicher in mir vermehren, damit meine Interessen immer denen meines Herrn entsprechen.«

Watchman Nee schrieb: »Ich möchte nichts für mich behalten, sondern alles dem Herrn übergeben.«

Hudson Taylor erklärte, er freue sich an dem Luxus, sich nur um wenige Dinge sorgen zu müssen.

A.W. Tozer beschloß: »Nichts besitzen.«

Schließlich Malcolm Muggeridge: »Wenn ich so auf mein Leben zurückblicke, erkenne ich, daß ich nur dann wirklich glücklich war, wenn ich in Einfachheit und Bescheidenheit lebte; ein kleines Zimmer mit einem Stuhl und einem Tisch, Früchte und Reis, eine kleine Hütte oder ein Zelt - solche Umstände bewirkten bei mir eine sonst nie erfahrene Freude.«

Und gehen wir weiter

Leider ist es aber auch möglich, einer Beschäftigung den ersten Platz im Leben einzuräumen. Es ist möglich, eine Gruppe oder einen Verein anstelle von Jesus Christus auf den Thron zu setzen. Es ist möglich, daß man für Geld etwas tut, was man nie in Kauf nehmen würde, wenn es für den Herrn wäre.

Institutionen haben etwas an sich, was hochqualifizierte Leute anlockt. Sie verleihen ihnen beeindruckende Titel und bezahlen stattliche Summen an Geld. Gleichzeitig aber fordern sie auch mehr und mehr von der persönlichen Zeit und dem eigenen Leben. Sie holen alles aus einem heraus und bald ist man selbst nur noch »für den Schrotthaufen von Bedeutung«.

Ein Christ jedoch ist zu einem größeren Geschäft geboren als einfach nur ein »kleiner Beamter in einem vorübergehenden Unternehmen« zu sein. Es reicht nicht, »als Mensch geboren zu sein und als Lebensmittelhändler zu sterben«.

Vor einigen Jahren sagte Billy Graham auf einer Missionskonferenz: »Als John Mott, dem großen Missions-Staatsmann, von Calvin Coolidge das Amt des Botschafters von Japan angeboten wurde, antwortete er: »Mr. Präsident, seit Gott mich während meines Studiums zu Seinem Botschafter ernannte, bin ich taub, für alle neuen Angebote.«

Als die Standard Oil Company im Fernen Osten einen Mann als ihren Vertreter suchte, wählte sie einen Missionar aus. Sie boten ihm $ 10 000 - und er lehnte ab; dann $ 25 000 - und er lehnte ab; dann $ 50 000 - und er lehnte ab. Schließlich fragten sie ihn: »Was ist los, woran liegt es, daß Sie unser Angebot nicht annehmen?« Daraufhin sagte er: »Ihr Preis ist in Ordnung, aber der Job ist zu gering. Gott hat mich dazu berufen, ein Missionar zu sein.«

J. Sidlow Baxter erzählte die eindringliche Geschichte eines Mannes, dessen Arbeit so wichtig und zeitraubend war, daß für Gott kein Platz mehr in seinem Leben war. Er erreichte alles, wonach er sich so gesehnt hatte. Aber als er im Sterben lag, brachte er nur noch ganz schwach heraus: »Irgendwie möchte Jesus mir etwas sagen, aber die vielen Dinge in meinem Leben, die mir immer viel wichtiger waren, übertönen Seine Stimme total.«

Hier nun sollten wir wieder einen Moment länger stehenbleiben. Bei einigen Lesern wird jetzt vielleicht durch das Gesagte der Eindruck entstanden sein, es sei für einen Christen falsch, ein Geschäft, einen Beruf oder irgendeine weltliche Beschäftigung zu haben. Das ist natürlich absurd. Das Normale auch für einen Gläubigen ist, zu arbeiten, um seinen Lebensunterhalt zu verdienen und seine Familie zu versorgen. Falsch aber wird es, wenn sich der Beruf zum Wichtigsten im Leben entwickelt und der Sache des Herrn nur zweitrangige Bedeutung zukommt.

Das Ausmaß, das eine berufliche Karriere im Denken eines Menschen annehmen kann, wird deutlich in einem Ereignis, in das ein berühmter Genforscher verwickelt war, der seine Forschungsarbeiten, wie es auch üblich ist, an Fruchtfliegen vornahm.

Als dieser Wissenschaftler kürzlich eine öffentliche Rede hielt, in der er Gott bezeugte, ärgerte sich eine seiner Kolleginnen. Sie sagte: »Stellen Sie sich das vor, man läßt die Arbeit mit Fruchtfliegen im Stich und widmet sich Gott!«

Wir müssen den Unterschied zwischen Berufung und Beruf sehen. Unsere Berufung oder unser Ruf besteht darin, die Interessen Christi auf der Erde zu vertreten und Seine Sache voranzutreiben. Paulus war zum Apostel berufen, außerdem war er Zeltmacher; dies aber war nicht seine Berufung. Er stellte Zelte her, um sich sein tägliches Brot zu verdienen.

Eigentlich hat unsere Beschäftigung aber eine noch größere Bedeutung als nur unseren Lebensunterhalt zu verdienen. Sie kann ebenso ein wesentlicher Teil unseres Zeugnisses sein. Unser Schreibtisch oder unsere Werkbank können zu einer Kanzel werden, an der wir durch Wort und Tat beweisen, daß es einen Unterschied gibt. Durch Fleiß, Ehrlichkeit und einer Christus-ähnlichen Persönlichkeit leben wir anderen das Evangelium vor.

Unsere Beschäftigung kann außerdem ein Mittel sein, die weltweite Arbeit des Herrn durch unsere Opfergaben zu unterstützen.

Höchste Gefahr besteht nur dann, wenn der Beruf zum Mittelpunkt wird. Ein Christ muß lernen, zu sagen: »Bis hierher und nicht weiter!«

Schlagzeilen liefern

Es gibt auch Menschen, die auf Geld und materielle Güter verzichten, um stattdessen Ruhm und weltliche Ehren als das große Lebensziel vor Augen zu haben. Solche

Menschen jagen dem Schatten nach. Sie sollten einmal in aller Ruhe bedenken, wie schnell man uns nach unserem Tod vergessen haben wird. Wer kennt denn schon noch den Namen seiner Urgroßeltern; viele würden noch nicht einmal die eigenen Großeltern erkennen. Nur wenige könnten die letzten zehn Vizepräsidenten der Vereinigten Staaten nennen.

Und was sollen wir über die »Ehre in dieser Welt« sagen? Der Mensch verbraucht seine ganzen Kräfte, um einen Orden, eine billige Trophäe oder eine Urkunde zu gewinnen. Nach ein paar Jahren verblassen und vergilben sie, werden auf dem Dachboden abgelegt und landen schließlich auf dem Abfallhaufen. Napoleon hielt einst einige Orden in seiner Hand und rief aus: »Mit diesen könnte ich ein Königreich aufbauen.«

Michael Griffith fragt uns: »Was werden wir am Ende unseres Lebens einmal vorzuweisen haben? Wird es gemessen werden an den kleinen Belohnungen, an den Erfolgen, an unseren Zeugnissen, Silberpokalen, die von sportlicher Tapferkeit zeugen, an unseren gewonnenen Medaillen, an Zeitungsausschnitten, an unserer Promotion, unserem Status in der örtlichen Gemeinde, der Todesanzeige und einem gut gepflegten Grab? Ist das die ganze Bedeutung unseres Lebens?«

Nicht durch Zufall riet Rudyard Kipling einer Abschlußklasse an der McGill Universität, sich nicht zu sehr um Geld, Ehre und Ruhm zu sorgen. Er sagte: »Eines Tages werdet Ihr jemand treffen, der sich für keines dieser Dinge interessieren wird, und dann werdet Ihr merken, wie arm Ihr eigentlich seid.«

Auch Freddie Prinze suchte den Ruhm und die Ehre dieser Welt. Im Alter von 22 Jahren schien es tatsächlich so, als liefe alles bestens für ihn. Er hatte eine der besten Rollen im Show Business bekommen - 1977 am Galafest für den künftigen Präsidenten teilnehmen zu können.

Jedoch erkannte der Schauspieler, daß eine ganz entscheidende Sache in seinem Leben nicht in Ordnung war. Ein enger Freund sagte: »Freddie konnte nichts mehr befriedigen. Immer fragte er: › Ist das alles? ‹ Niedergeschlagen und verzagt hielt er sich schließlich eine Pistole an den Kopf und drückte ab. Die Polizei fand eine Nachricht, auf der er hinterließ, »er habe nicht mehr gekonnt«. Es war das, was jemand ein schnelles Ende einer Blitz-Karriere nannte.

Howard Hughes erreichte Ruhm und Popularität in seinem Leben. Er war einer der reichsten und mächtigsten Männer der Welt. In seiner › Blütezeit ‹ war er ein typischer amerikanischer Held, ein kühner Flieger, unermüdlicher Bastler und Wissenschaftler. Er besaß eine große Verteidigungsfirma (Hughes Aircraft), eine bedeutende Fluggesellschaft (TWA) und unzählige kleinere Firmen. Sein Vermögen wurde auf 2,3 Milliarden geschätzt. Doch in seinen letzten Lebensjahren wurde sein Leben dunkel, freudlos, wahnsinnig, er wurde zu einem Gefangenen seiner eigenen lähmenden Angst und Schwäche. Einst forsch und immer in Bewegung, vernachlässigte er nun sein Äußeres und seine Gesundheit, bis er schließlich zu einer bemitleidenswerten Gestalt wurde (TIME).

Ein Biograph bezeichnete ihn als einen »gefolterten und gequälten Mann, der sich selbst immer mehr vernachlässigte, manchmal fast wahnsinnig erschien und ohne Komfort oder Freude in gefängnisartigen Verhältnissen lebte«. Er war drogensüchtig, sein Aussehen war schrecklich und sein gesundheitlicher Zustand erschreckend. So starb am 5. April 1976 ein einsamer Milliardär - und verließ alles.

In ein paar Jahren, wenn einmal der Name Freddie Prinze oder Howard Hughes fällt, wird man fragen: »Wer war das?« Keiner wird sie mehr kennen.

Ruhm und weltliche Ehren lassen Menschen, die danach streben, zu Versagern werden. Es gibt mehr, wofür es sich zu leben lohnt - weit mehr!

»Spieglein, Spieglein an der Wand«

Eine andere Möglichkeit ist, für seinen Körper zu leben. Da ist z. B. eine Frau, deren Leben ein einziger Kosmetiksalon ist. Sie lebt in einer Welt voll Lidschatten, Wimperntusche, künstlichen Augenwimpern, gefärbten Haaren, gezupften Augenbrauen, Gesichtsstraffung, Parfums, Salben und Cremes. Ihre Frisierkommode ist ihr Altar.

Damit erinnert sie mich an ein Bild, das überschrieben ist mit »Alles ist Eitelkeit«. Auf den ersten Blick sieht man eine hübsche junge Frau an ihrer Frisierkommode, die sich bewundernd im Spiegel beobachtet. Aber beim zweiten Hinsehen meint man, nur ein häßlicher Schädel käme zum Vorschein. Wie töricht, nur für den Körper zu leben, der in wenigen Jahren sowieso nicht mehr sein wird als ein Skelett.

Natürlich kann auch ein Mann diesem Schönheitsrausch verfallen. Er lebt so, als habe er eine Pacht auf das Badezimmer. Dort legt er mit viel Mühe sein Haar zurecht. Er gibt ein Vermögen aus, um seinen Alterungsprozeß zu verstecken. Er nimmt ab, nicht der Gesundheit wegen, sondern um dem Macho-Typ zu entsprechen. Er trägt Markenjeans und auffällige Ketten und teuren Schmuck. Sein aufgeknöpftes Hemd zeigt seine behaarte Brust, womit er wahrscheinlich beweisen will, daß er ein echter Mann ist. Mit allen Mitteln versucht er, die Aufmerksam-

keit auf sich zu lenken. Das nennt er dann »leben«.
Aber ist es das wirklich? Ist das alles?

Das Vergnügen suchen

Zu dieser Menschengruppe wollen wir auch solche Menschen zählen, die für Vergnügen, Reisen, Essen und Unterhaltung leben wollen. Dieses Bestreben nimmt oft schon unnormale Dimensionen an.

Hierzu gehören z. B. die Verehrer eines kleinen weißen Balls, den sie über riesige Grünflächen jagen.

Oder auch Touristen, die ständig mit Bussen und Flugzeugen von einem Land ins andere rasen, begierig die Sehenswürdigkeiten verschlingen, meterweise Filme verknipsen, wieder nach Hause kommen und ihre Freunde mit Geschichten (und Dias) ihrer atemlosen Heldentaten langweilen.

Oder solche, deren einziger Gott ihr Bauch ist. Diese letzte Gruppe wird von E. Stanley Jones auf unvergeßliche Weise karikiert. Er schreibt: »An Bord eines Schiffes sah ich zwei sehr korpulente Personen, die ärgerlich auf ihre Tisch-Stewards waren, weil ihnen angeblich nicht genügend Aufmerksamkeit gewidmet wurde. Sie fürchteten anscheinend, sie müßten unterwegs verhungern. Ihr Appetit schien für sie das einzig Wichtige zu sein. Ich sah sie niemals eine Zeitung oder ein Buch lesen. Zwischen den Mahlzeiten warteten sie begierig auf die nächste. Eines Abends sah ich sie wieder so mit leerem Blick dasitzen, als plötzlich eine Blitzidee durch den teilnahmslosen Mann schoß. Er ging zum Kaminsims und hob die Vasen auf, schaute in sie hinein und drehte sich dann wieder zu seiner Frau um mit der Neuigkeit:

› Sie sind leer. ‹

Ich war nah daran, laut loszulachen. Er hatte recht: sie waren wirklich leer, aber nicht nur die Vasen. Auch die Köpfe und die Seelen dieser beiden waren leer. Sie hatten viel in ihrem Geldbeutel, aber nichts in sich selbst; und das war ihre Strafe.«

Vielleicht sollten wir auf der Liste dieser törichten Menschen auch noch solche aufführen, die ihre Lebenszeit vor dem Fernsehen verschwenden. (Übrigens, warum wird es wohl auch die »Röhre der Dummheit« genannt?) Sie leben in einem Traumland, wo es nur gutaussehende Menschen gibt, schillernde Persönlichkeiten, die sich an ein flottes Cabriolet lehnen. In unserer Generation hat sich nichts nachteiliger auf das geistliche Leben ausgewirkt als das Fernsehen. Es hat verheerenden Einfluß. Es ist voll von Sex, Gottlosigkeit, Verbrechen und Gewalt. Es bringt uns außereheliches Geschlechtsverkehr, Prostitution, Homosexualität, Blutschande, Scheidungen, Ehebruch und Sadismus direkt ins Wohnzimmer. Auf einmal wird jede Lebensform als gut und richtig dargestellt. Durch die Verherrlichung der schrecklichsten Seiten des Menschen bringt das Fernsehen den moralischen Verfall ins Haus.

Erzieher wissen, daß das Fernsehen die Aufnahmefähigkeit der Kinder verringert, ihre Fähigkeit zum Lesen und Schreiben einschränkt und somit ihre schulischen Leistungen beeinflußt. Sonntagsschulen haben es schwer, wenn sie mit dem Fernsehen konkurrieren wollen. Familien, die eigentlich in die Gemeindestunden gehen sollten, werden von ihm in den Bann gezogen.

Fest steht, daß keiner, der seine Freizeit fast nur vor dem Fernseher oder mit Videospielen verbringt, jemals viel für Gott tun kann.

Sich auf die Familie konzentrieren

Als letzte Möglichkeit, sein Leben zu gestalten, soll hier die Möglichkeit genannt werden, alles nur auf die Familie zu konzentrieren. Natürlich sind Ehe und Familie zwei der größten Geschenke Gottes für uns. Sie sind Sein Wille für die Mehrheit der Menschen.

Aber für manche Leute ist die Familie das Wichtigste im Leben überhaupt. Oft wird Jesus Christus am Hochzeitstag von solchen verabschiedet, die bis dahin noch Ziele gehabt hatten und von einem Leben träumten, das ganz dem Herrn geopfert sein sollte. Dann auf einmal beschäftigen sie sich nur noch mit dem, was die Familie betrifft. Wie im Sturzflug verschwindet ihr Eifer für Gott.

Junge Mädchen sind oft begeistert von der Arbeit in der Mission. Aber wenn sie erst einmal verheiratet sind, ist der Wunsch nach Ruhe und einem eigenen Heim viel größer. Für ihre eigene Sicherheit und die der Kinder treten dann ganz andere Fragen in den Vordergrund. Wenn die Frau im Leben eines Mannes wichtiger ist als Christus selbst, kann er, was den Dienst für den Herrn angeht, kein nützlicher Knecht mehr sein.

Das kann natürlich von beiden Seiten ausgehen. Auch eine geistlich gesinnte Frau kann durch die Gier, Selbstsucht und Fleischlichkeit des Mannes in ihrem Dienst für den Herrn behindert werden.

Eines Abends ging der noch junge Spurgeon mit seiner Verlobten nach Exeter Hall, wo er vor einer riesigen Menschenmenge zu sprechen hatte. Als sie ankamen, dachte er nur noch an die große Verantwortung, die er hatte, den Menschen Gottes Botschaft rüberzubringen. Er kämpfte sich durch die vielen Menschen und achtete gar nicht mehr auf Susan Thompson. Als er mit der Predigt zu Ende war, fiel ihm auf, daß er sie im Publikum gar nicht gesehen hatte; also ging er zu ihr nach Hause. Dort angekommen, erfuhr er, daß sie ihn nicht sehen wollte. Doch er bestand darauf. Und so kam es, daß er später, nachdem er sich entschuldigt hatte, erklärte: »Wir sollten besser erst einmal einige Dinge klarstellen. Als erstes bin ich der Diener meines Herrn. Er soll immer an erster Stelle stehen, und ich möchte meine Pflichten Ihm gegenüber immer zuerst erfüllen. Ich glaube, wir werden sehr glücklich miteinander leben, wenn Du bereit bist, den zweiten Platz in meinem Leben einzunehmen. Aber Du mußt immer hinter Ihm stehen. Meine Verpflichtung Ihm gegenüber steht an erster Stelle!«

Irgendwann später einmal sagte Frau Spurgeon, daß sie an jenem Abend gelernt habe, daß es im Leben ihres Mannes jemanden gab, der den ersten Platz einnahm. Für sie war der zweite Platz da.

Für manche Christen ist auch die Erziehung der Kinder das Wichtigste. In der Bibel wird von einem Mann berichtet, der 30 Söhne, 30 Töchter und 30 Schwiegertöchter hatte. Vielleicht hoffte er, daß eine große Nachkommenschaft sein eigenes Versagen und seine Fehler wiedergutmachen würde.

Natürlich ist es gut und richtig, Kinder zu bekommen. Nicht richtig ist, wenn Kinder unsere Entscheidungen dahingehend beeinflussen, daß unsere Arbeit für den Herrn darunter leidet. Nicht einmal die Familie sollte Vorrang haben vor dem Willen Gottes oder uns festnageln, wenn Er etwas von uns fordert.

Die Bibel lehrt eindeutig die hohe Verantwortung sowohl der Ehemänner, der Ehefrauen als auch der Eltern und der Kinder. Über allem aber steht die Forderung, daß Christus immer den ersten Platz behalten soll.

Was ist nun mit Plan A?

Wir haben gesehen, welche Prioritäten wir im Leben setzen können, wenn wir es selbst in die Hand nehmen. Wir können mit dem Ziel leben, reich zu werden, materielle Güter anzusammeln, im Beruf erfolgreich zu sein, nach Ruhm und Ehre in der Welt zu streben, für den Körper zu sorgen, Freude zu suchen, reisen zu können, Unterhaltung zu haben oder eine Familie zu gründen.

Sind das lohnenswerte Ziele, wenn wir an die Kürze des Lebens denken und uns daran erinnern, daß wir nicht uns selbst gehören, daß Jesus der Herr ist und wir die Verwalter sind, daß Männer und Frauen um uns herum sterben und wir eine Antwort auf ihre tiefsten Fragen haben, daß der Herr uns den Auftrag gegeben hat, das Evangelium zu verkündigen und wir bald vor Seinem Richterstuhl Rechenschaft ablegen müssen?

Nach diesem Plan A zu leben wäre so, als wollte ich die Liegestühle an Deck der sinkenden Titanik wieder geradestellen oder so, als würde ich Bilder in einem brennenden Haus aufhängen. Es wäre so, als hielte ich an Nebensächlichkeiten fest, als würde ich kriechen anstatt zu fliegen. Wir wären Sklaven statt Könige, wir lebten so, als beschäftigten wir uns mit total unwichtigen Dingen.

Wir wären wie George Appley, von dem E.S. Jones schrieb: »Als sich seine engsten Freunde und Verwandten um sein Bett versammelten, um noch seine letzten Worte aufzufangen, hörten sie nur ein Flüstern: › Macht die Rosensträucher nicht kaputt. ‹ Er lebte in einer Welt voll von Rosenbüschen, einer schönen Welt zwar, aber das allein reichte nicht aus. Er war gefesselt von Interessen, die für ein Kind der Ewigkeit zu gering sind.« Menschen, die sich für Plan A in irgendeiner Form entscheiden, sind Gefangene von Gedanken, die zu gering sind für eigentliche Könige.

Plan B: Mit dem Strom schwimmen

Es gibt einen zweiten Weg, sein Leben zu gestalten, und zwar immer passiv zu bleiben, egal was auch kommen mag. Solch ein Mensch geht den Weg des geringsten Widerstandes. Er schwimmt mit dem Strom und bringt es nicht fertig, einmal ganz entschieden eine Sache anzupacken. Diesen Menschen kann man mit einem Thermometer, nicht aber mit einem Thermostat, vergleichen. Er zeigt die Temperatur seiner Umgebung an, unternimmt aber nichts, sie in irgendeiner Form zu beeinflussen.

Er hat niemals gebetet, wie es Amy Carmichael ausdrückte: »Laß mich nicht so wie ein Klumpen einfach versinken. Mach mich zu Deinem Öl im Feuer Gottes.« Er ist wie ein solcher Klumpen. Obwohl er im Bild Gottes geschaffen ist, reicht es ihm, ein Klumpen zu sein.

Er hinterläßt keine Fußspuren im Sand der Zeit. Wenn er weitergeht, ist es so, als hätte es ihn nie gegeben.

Er ist ein Mensch ohne geistliche Bestrebungen. Vielleicht hat er sich einmal kurz- oder langfristige Ziele gesteckt, aber ihm fehlt der Wille, die Trägheit zu überwinden. Er arbeitet, um Geld zu verdienen, um Essen kaufen zu können, um Kraft zum Arbeiten zu bekommen, um wieder Geld zu verdienen, um Essen kaufen zu können, um Kraft zum Arbeiten zu bekommen, ... Wie eine Tretmühle läuft sein Leben immer so bis zum Ende weiter.

Jowett beschreibt diesen Menschen als einen, der ein unbedeutendes Leben führt, um sich viele Sorgen zu ersparen.

In der Tat, wollen Sie die größten Sorgen des Lebens vermeiden, ist das Rezept ganz einfach: Verwerfen Sie Ihre Ziele nach allen Richtungen, schneiden sofort die Flügel, sobald sich der kleinste Entschluß zur Änderung in Ihnen regt und führen einfach Ihr unbedeutendes Leben weiter!

Wirklich, das ist der Grund, warum viele »Christen« so einfach und ohne größere Leiden durchs Leben kommen, weil sie ihr inneres Leben auf ein Minimum reduziert haben, so daß ihr Lebensweg eher dem einer Amöbe gleicht. Ich glaube, darin sind wir uns einig, daß dies für einen Menschen, der im Bild Gottes geschaffen wurde, ein armes Zeugnis ist.

Plan C: Jesus zum Herrn krönen

Die dritte und einzig vernünftige Möglichkeit ist, die Kontrolle über das Leben Jesus Christus zu übergeben. Nenn es »Heiligung« oder völliges »Sich-an-Ihn-binden«. Sie werden zu einem lebendigen Opfer, das immer zuerst nach Gottes Verherrlichung trachtet. Wie auch immer man es nennen mag, es bedeutet, das eigene Leben wieder zurück in die Hände Gottes zu geben, so daß Er daraus machen kann, was immer Ihm gefällt. Dann frage ich nur noch nach Seinem, nicht mehr nach dem eigenen Willen. Es bedeutet, mein Leben um Seinetwillen und um des Evangeliums willen zu verlieren. Und schließlich bedeutet es, Ihm absolute Hingabe des Herzens und völlige Liebe entgegenzubringen.

Die Kapitulation

Das »Sich-dem-Herrn-ausliefern« beginnt meist mit einer lebenswichtigen Krisen-Erfahrung. Was soll das heißen?

Es ist eine Erfahrung, die man im Alleinsein mit Gott macht, wenn einem auf einmal bewußt wird, daß man angesichts der Tatsache, daß der Herr alles für einen gegeben hat, gar keine andere Wahl hat, als Ihm auch das Leben zu übergeben. Dies ist oft eine Zeit des Kampfes, doch schließlich hört man auf, an seinem Leben festzuhalten und legt es auf den Opferaltar. Das ist das einzig Vernünftige und Logische, was ein Mensch tun kann.

Natürlich sollten wir diese Entscheidung schon bei unserer Bekehrung treffen. Saul von Tarsus handelte so. Aber manche brauchen länger, bis sie an den Punkt kommen, wo sie erkennen, daß es unmöglich ist, sein Leben selbst zu retten. Doch dann erklären wir ausdrücklich unsere Bereitschaft, es um Christi und um des Evangeliums willen zu verlieren.

Betty Scott erfuhr dies als Schülerin einer Bibelschule. Sie schrieb in ihre Bibel: »Herr, ich gebe alle meine eigenen Ziele und Pläne, alle meine Wünsche, Hoffnungen und Bestrebungen auf (seien sie fleischlich oder geistlich) und möchte Deinen Willen für mein Leben verwirklichen. Ich gebe mich selbst, mein Leben, mein Äußerstes Dir hin, um für immer Dein Eigentum zu sein. All meine Liebe übergebe ich Dir. Alle Menschen, die ich liebe, sollen den zweiten Platz in meinem Leben haben. Füll Du mich mit Deinem Heiligen Geist. Verwirkliche Deinen Willen in meinem Leben, koste es, was es wolle, jetzt und für immer. Das Leben ist für mich Christus und das Sterben Gewinn« (Phil. 1,21).

Später heiratete sie John Stam und beide gingen als Missionare nach China. Wie Gott ihr Leben und ihr Sterben gebrauchte, ist nachzulesen in »The Triumph of John / Betty Stam«.

Auch William Borden, ein Mitglied der berühmten Molkerei-Familie, gab alles auf, um Jesus Christus nachzufolgen. Er betete: »Herr Jesus, alles, was mein Leben betrifft, übergebe ich Dir. Du sollst in meinem Herzen auf dem Thron sitzen. Verändere, reinige, gebrauche mich so, wie Du es willst.

Ich nehme die Kraft Deines Heiligen Geistes in Anspruch. Ich danke Dir dafür.«

Oder auch Alexander Whyte, ein schottischer Minister, der manchmal »der letzte Puritaner« genannt wurde, auch er gab alles auf um Christi willen. Er schrieb: »Von nun an soll Christus, mein Erlöser und König, in meinem Herzen auf dem Thron sitzen und mein ganzer Körper und alle meine Sinne sollen nicht mehr mir selbst, sondern nur Ihm allein gehören. Laß mein Auge, mein Ohr und meinen Mund allezeit so geöffnet sein, als ob ich Christi Auge, Ohr und Mund öffnete; nichts möchte ich zulassen, was Ihn beschämen, verärgern oder beschmutzen könnte. Ja, ich möchte wie Paulus in meinem Leben zum Ausdruck bringen, daß mein Leib der Tempel Christi ist und daß ich nicht mehr mir selbst gehöre, sondern daß ich mit einem teuren Preis erkauft worden bin und nun mit meinem Leib und meinem Geist, die Gott gehören, Ihn verherrlichen soll.«

Zurückblickend auf dieses Erlebnis sagte Charles Haddon Spurgeon, der bekannte Prediger: »An dem Tag, als ich mein Leben meinem Retter übergab, gab ich Ihm meinen Leib, meine Seele und meinen Geist; ich gab Ihm alles, was ich hatte und was ich noch bekommen sollte: meine Talente, all meine Kraft, meine Gaben, Augen, Ohren, meine Glieder, Gefühle, meine Meinungen, einfach mein ganzes Menschsein und alles, was aus mir hervorkommen könnte.« Jahre später sagte A.T. Pierson von ihm: »Er machte das Beste aus seinem Verstand und den ihm von Gott gegebenen Möglichkeiten.«

Jim Elliot, einer der fünf Märtyrer von Ecuador, sagte (fast wie eine prophetische Aussage): »Wenn ich mein Leben retten wollte, könnte das nie der Wille meines Gottes sein. Vater, wenn Du es willst, so nimm mein Leben, mein Blut, und gebrauche es. Ich möchte es nicht retten, da es mir nicht gehört. Nimm es ganz, Herr! Gebrauche mein Leben als Opfer für die Welt. Blut ist nur dann wertvoll, wenn es vor Deinen Altar fließt.«

Die totale Hingabe ist der einzig kluge Schritt, den wir als Antwort auf Christi Werk für uns gehen können. »Gottes große Barmherzigkeit bringt uns einfach zum Opferaltar. Die Liebe Christi drängt uns, Sein Geist leitet uns, die Gnade Gottes erhält uns standhaft und unbeweglich. Von nun an soll uns niemand mehr davon abbringen. Christus, und nur Er allein, ist unsere Leidenschaft« (F.B. Meyer).

Wenn wir etwas zurückbehalten, beleidigen wir damit unseren Herrn. Lady Powerscourt, eine gottesfürchtige irische Frau des 19. Jahrhunderts, sagte: »Es ist eine Beleidigung für den, der alles für uns gab, wenn wir sagen, daß wir Ihn lieben und Ihm dann nicht alles übergeben, sondern noch etwas für uns zurückbehalten. Sein Alles bedeutete Himmel, Erde, Ewigkeit, Er selbst. Besser wäre es dann, Ihn gar nicht zu lieben. Lieber kalt als lauwarm.«

Robert Laidlaw, der Besitzer eines großen Warenhauses in Auckland, Neuseeland, und Autor des bekannten Büchleins »The Reason Why«, sagte: »Es ist ein Mangel an Aufrichtigkeit, wenn wir Gott die ewige Seele zur Errettung übergeben und dann das sterbliche Leben zurückbehalten. Wir trauen Ihm zu, daß Er uns von der Hölle befreien und in den Himmel bringen kann, aber wir zögern, wenn es darum geht, Ihm die Kontrolle über unser jetziges Leben zu geben.«

Ein Student, der auf den Knien über dieser Frage in ringendem Kampf mit Gott lag, schrie: »Herr, ich kann es nicht! Du weißt, daß ich es nicht kann!« Sein Zimmerkollege unterbrach sein Gebet: »Was ist eigentlich los? Hast Du Angst, gesegnet zu werden?« Solche Menschen, die dem Herrn nicht alles übergeben, schlagen für sich selbst die größten Segnungen aus.

Wenn wir dem Herrn nicht die Kontrolle über unser ganzes Leben geben, bringen wir uns selbst um den größten Nutzen. Lassen Sie mich das an einem Beispiel erklären:

Ende der siebziger Jahre entwickelte die US-Marine ein System, Jagdflugzeuge automatisch auf Flugzeugträgern landen zu lassen. Wie von »National Geographic« berichtet wurde, »nimmt der Pilot seine Hände vom Schaltbrett und sieht zu, wie sein Flugzeug vorsichtig landet, wobei es sich genau den Bewegungen des Flugzeugträgers anpaßt. Alles wird per Computer gesteuert.«

Wichtig für den Piloten war es also, seine Hände aus dem Spiel zu lassen und wirklich ganz darauf zu vertrauen, daß der Computer das Flugzeug sicher landete.

Wieviel wichtiger ist es für uns, in unserem Leben die Hände aus dem Spiel zu lassen und dem Herrn die Kontrolle zu übergeben und ganz auf Ihn zu vertrauen!

Das ist also der erste Schritt. »Geben Sie Ihm Ihr ganzes Sein. Keine halben Sachen, keine Brückchen oder Vorbehalte, nicht einen Teil des Geschenks zurückhalten und so tun, als sei dies alles. Es ist überhaupt keine Frage, daß ein Leben, das Gott vollkommen liebt und Ihm mit ungeteiltem Herzen dient, nicht so schnell von dieser ersten Liebe abgebracht werden kann« (Autor unbekannt).

Die ständige Hingabe

Diese oben erwähnte Erfahrung darf aber nicht das Ende sein. Eine einmalige Lebensübergabe reicht nicht aus. Wir müssen uns Ihm Tag für Tag neu hingeben. Ansonsten legen wir unseren Körper vielleicht heute auf den Opferaltar und sehen morgen mit Schrecken, wie wir versuchen, wieder davon loszukommen.

Anna Jane Grannis beschreibt diesen täglichen Auslieferungsprozeß folgendermaßen:

»Ich möchte mein Herz so von allem Eigenen befreien, daß mein teurer Herr kommen kann, um Seine eigenen Möbel dort aufzustellen. Mein Herz soll Sein Zuhause sein, und da ich weiß, was dazu nötig ist, gehe ich jeden Morgen, während es noch still ist, in diesen geheimen Raum und gebe dort bei Ihm meinen eigenen Willen ab. Er nimmt ihn immer gnädig an und zeigt mir Seinen Willen für mich. So bin ich bereit, allen meinen Aufgaben gerecht zu werden. Und so kann der Herr all meine Interessen und all mein Böses kontrollieren, weil wir am Tagesanfang unsere Willen austauschen.«

In einem seiner Bücher beschreibt Harold Wildish auf ganz ausgezeichnete Weise, wie wir täglich unsere Heiligung praktizieren können:

»So wie Sie Ihre ganze Sündenlast abladen und sich auf das vollkommene Werk Christi verlassen, so laden Sie auch die ganze Last Ihres Lebens und Schaffens ab und stützen sich auf das Arbeiten des Heiligen Geistes. Übergeben Sie sich jeden Morgen neu dankbar der Führung dieses Geistes und überlassen es ruhig Ihm, Sie und Ihren Tag zu verwalten. Üben Sie sich darin, von Ihm abhängig zu sein, Ihm zu gehorchen, Ihm die Führung zu überlassen, daß Er Sie belehren, tadeln, gebrauchen und in und mit Ihnen tun kann, was Ihm gefällt. Dieses Wirken in und an uns ist mehr als nur ein Gefühl. Lassen Sie uns Ihn als unseren Herrscher anerkennen und Ihm gehorchen und endlich aufhören, unser Leben selbst zu managen, damit die Frucht des Geistes in uns sichtbar wird, nach Seinem Willen, zur Verherrlichung Gottes«.

Was wird geschehen?

Nun wird mancher vielleicht fragen: »Was geschieht als nächstes? Angenommen, ich habe meine Schuld erkannt und übergebe mich täglich neu meinem Retter. Was nun? Sitze ich nun den ganzen Tag herum und trinke meine Cola und warte darauf, daß endlich etwas Dramatisches passiert?«

Im Gegenteil: Sie haben nun viel zu tun. Sowohl im alltäglichen Leben als auch im Dienst Ihrer örtlichen Gemeinde werden Sie Ihre Treue beweisen müssen. Nun studieren Sie das Wort Gottes, entwickeln ein echtes Gebetsleben und werden immer mehr Gelegenheiten finden, Gott und anderen Menschen zu dienen.

Jeden Schritt, den Sie für Ihn tun, wird Er Sie führen. So wie man nur dann ein Schiff oder ein Fahrrad lenken kann, wenn es in Bewegung ist, kann Gott Sie nur dann leiten, wenn Sie für Ihn aktiv sind.

Er wird Ihnen natürlich nicht Seinen ganzen Plan auf einmal zeigen. Doch an jeder Kreuzung wird Er da sein und Sie leiten. Schritt für Schritt wird sich Sein Plan enthüllen, so daß Sie am Ende Ihres Lebens sagen können: »Der Herr hat mich den ganzen Weg geführt.« Im Zurückblicken werden Sie sehen, wie Er Ihr Opfer angenommen hat und Seinen vollkommenen Willen in Ihrem Leben zur Auswirkung gebracht hat.

Während des Baus einer der größten Brücken New Yorks wurde der Architekt dieser Brücke schwer krank. Es dauerte lange, bis er wieder genesen war. Schließlich war die Brücke fertig. Als dann der Einweihungstag gekommen war, ging es ihm wieder so gut, daß man ihn mit dem Krankenwagen an das Flußufer fahren konnte, wo er von einer Tragbahre aus zusehen konnte. Als er das vollendete Bauwerk sah, sagte er mit glänzendem, zufriedenem Blick: »Alles stimmt genau mit dem Plan überein.«

Das sollte das Ziel sein, auf das Sie und ich hinarbeiten - daß der Herr, wenn Er einmal Seinen Plan für mein Leben mit dem vergleicht, was daraus wurde, Er sagen kann: »Alles stimmt genau mit meinem Plan überein.« Angenommen, Sie übergeben dem Herrn Ihr Leben und leben Tag für Tag nur für Ihn. Heißt das, daß Sie nun keine Probleme mehr haben werden? Nein, sicher werden Sie auch noch Probleme haben, aber wenn Sie Ihr Leben weiter selbst bestimmen, werden Sie nichts als endlose Probleme haben.

Ein letzter Gedanke: Der Herr wird Sie niemals zwingen, daß Sie Ihm die erste Stelle im Leben einräumen. Wenn Sie Ihr Leben lieber selbst bestimmen wollen, wird Er Sie gewähren lassen. Wenn Sie Seinen Segen, den Er für Ihr Arbeiten bereit hält, nicht annehmen wollen, wird Er auch andere segnen können.

Sie sollen es aber wissen und sich dessen bewußt sein. Sie werden nie einen besseren Christus finden, dem Sie nachfolgen können.

Die Stunde der Entscheidung

Nun müssen Sie sich entscheiden. Wenn Sie noch kein »echter« Christ sind, wollen Sie nicht jetzt Ihre Sünden bekennen und Jesus Christus als Ihren Herrn und Retter annehmen? Um dies tun zu können, müssen Sie jeden Gedanken an ein eigenes Erwerben oder Verdienen des Heils aufgeben und im Glauben annehmen, daß der Herr Jesus starb, um die Strafe für unsere Sünden zu bezahlen. Schließlich müssen Sie Ihn durch einen bewußten Glaubensakt und als Ihre einzige Hoffnung, einmal im Himmel zu sein, annehmen.

Möchten Sie das - jetzt ?

Oder vielleicht sind Sie auch schon Christ. Vielleicht haben Sie sich bekehrt, um in den Himmel zu kommen und nicht, um Ihm zu dienen. Vielleicht gibt es noch Bereiche in Ihrem Leben, über denen steht: »Zutritt verboten.« Sie selbst haben noch die Kontrolle über Ihr Leben. Wenn dies der Fall ist, wird es jetzt Zeit, Ihm alles zu übergeben.

Werner Gitt
Fragen
die immer
wieder gestellt werden

CLV-Taschenbuch
160 Seiten, DM 3.80

Wer sich mit dem christlichen Glauben zu beschäftigen beginnt, stößt auf zahlreiche Einzelfragen, die sich bei nahezu jedem Suchenden mit auffälliger Häufung wiederholen.

So war es naheliegend, die Antworten in möglichst knapper, aber hinreichender Form einmal zusammenzutragen. Allen in diesem Buch behandelten Fragen ist gemeinsam, daß sie wirklich erfragt wurden. So gibt das vorliegende Buch keinen von „insidern" erwarteten Fragen-Querschnitt durch die Bibel wieder, sondern versucht, jene Probleme ernst zu nehmen, die Zweifler, Fragende und Suchende bewegen. Es handelt sich somit nicht um eine Sammlung spitzfindiger theologischer Fragestellungen oder einer theoretischen am „grünen Tisch" erstellten Liste, sondern um Grundfragen suchender Leute, die sich aus der Praxis der Vortragstätigkeiten des Verfassers ergeben haben. Gelegentlich wurden auch originelle Einzelfragen aufgegriffen.

Alicia Simpson
Meine Suche
nach Frieden
Die Geschichte
einer Nonne

CV-Taschenbuch
64 Seiten, DM 2,80
ab 10 Stück DM 2,20

Vielen mag die Erziehung in einem Kloster während des
Krieges und die Suche nach innerem Frieden fremd erscheinen. Doch genau davon handelt Alicia Simpsons Geschichte.
Wir lernen eine Frau kennen, die inneren Frieden sucht,
der ihr in der Kindheit verwehrt wurde und dem sie als
Erwachsene auszuweichen versuchte. Ganz deutlich wird
das traurige Zusammenspiel von Frustration und mensch-
lichem Versagen innerhalb eines religiösen Lebens in dra-
matischer, packender Art vor unsere Augen gemalt.
Erst als ihr Leben beinahe zerbrochen war, lernte sie Jesus Christus als ihren persönlichen HERRN kennen und
kam in Ihm zum ersehnten Ziel.